JN005000

小山 正
Tadashi Koyama

Theories of Development

発達の理論

発達の多様性の
理解と支援に
向けて

ナカニシヤ出版

まえがき

　近年の発達心理学では，発達における「ダイナミックな変化のメカニズム」の解明とその理論化に，あらためて発達理論家の関心が向けられてきたといってよい。人の行動発達のメカニズムはさまざまな観点から説明でき，それを可能にする研究成果や臨床的知見が集積されてきた。これらの成果と社会の変化を統合し，発達心理学においては近年の研究的知見からの新たな理論化も進めていかねばならない。また，そのような理論を実践・臨床にどのようにつなげるかも課題である。実践・臨床と理論とは一体化したものである。発達の理論化は発達理解であるとともに，実践・臨床からのエビデンスも重要で，理論と実践・臨床の双方向から進めていくものであろう。

　発達について，そして「発達理論」を追究されてきた恩師である故村井潤一先生の発達論に筆者は学び，象徴機能は人間精神の中核であると考え，象徴機能の発達という点から，さらに言語獲得は発達の諸結果であるという立場から，子どもの言語発達とその支援について研究を進め，「発達」について考察してきた。本書は，これまでの類書にあったような各発達理論の紹介ではない。非定型発達に関してはいうまでもなく，多様性や個人差について，また，人の発達過程に見られる安定性や不安定性，段階間の移行，さらに生活年齢の重みなどについて，これまでの筆者の研究をふまえ，考察したものである。

　「発達の理論」は臨床的に子ども発達理解や人間理解につながっていかねばならない。本書は，「人間発達における言語」の問題や「グッド・ディベロップメント（good development）とは」など，人の発達を考えるうえで発達理論が必要と考えられる点について，近年の発達研究や時代精神をふまえてまとめたものである。本書で着目した点は，家庭での子どもの養育や，障がいをもつ子どもたちの療育においても，さらに理解が必要と筆者が考えてきたものである。

　本書では，早期からの発達支援が後の発達につながるという立場から，乳児

期から就学前の子どもの事例やエピソードを取り上げ，具体的に「発達」について考察している。これまでの筆者の研究にご協力いただいた皆様に心よりお礼を申し上げたい。今回もナカニシヤ出版編集部の山本あかねさんには企画の段階から相談し，山本さんのご理解があって本書が刊行できることになった。山本さんに心よりお礼のことばを申し上げたい。また，編集，校正にあたっては同編集部 後藤南さんに大変お世話になった。心よりお礼のことばを申し上げたい。

目　次

第1章

ジャン・ピアジェの発生的認識論から

1.1 ピアジェ理論の今日的意義

　スイスの発達心理学者であるジャン・ピアジェ（Piaget, J., 1896-1980）は人の「認識」の発達に関心をもち，それを追究した。ウィトゲンシュタインは，『論理哲学論考』において，「認識論は心理学の哲学である」と述べている（Wittgenstein, 1933, 邦訳書51頁）。発達心理学において，今日も大きな影響を与えている発達理論家の一人が，ピアジェであろう。ピアジェは，著書 *La psychologie de l'intelligence*（1950, 邦訳名『知能の心理学』（1967, みすず書房））の序文において，「本書は心理学の半分の領域をカバーしている」（邦訳書3頁）と述べている。

　「発達」は変化し，動いている。近年の発達心理学では，発達における「ダイナミック（動的）な変化のメカニズム」の解明とその理論化にあらためて発達理論家の焦点が当てられているといってよい。筆者もその点に関心をもっている一人である。また，人の「学習」に関してはこれまでいくつかのモデルや理論が提示されており，そのなかでピアジェの発達理論は，「構成主義」（constructivism）として紹介されている。

　ハリスとウェスターマン（Harris & Westermann, 2015）は，その著書において，20世紀の最も重要な発達心理学者としてピアジェを紹介している。ピアジェは，思考の発達に焦点を当て，人間の知的発達（認識の発達）のメカニズムについて追究し，私たちがヒトの認識の発達を考えるための理論的枠組み

を提示したといえる。ピアジェは，生得的反射など早期の発達の生得的基盤を認めつつ，誕生後の「発達の主体」である子どもと環境との相互作用を重視し，発達が生得的に特定化されたものであるという考え方に対して，構成的な立場をとった。人の知的行動は「適応」であるとピアジェは考え，「主体」の環境への能動的な関わりを重視した。ハリスは筆者とのミーティングで，ピアジェの理論は非常にエレガントであると述べていた。

　主体の環境への関わりは，外界の対象を行動のパターンに取り入れる過程であり，ピアジェはそれを「心的同化」（mental assimilation）と呼んだ（Piaget, 1950）。そして，環境が逆に主体に働きかけ，主体が同化的なサイクルを自ら変えていく過程を「調節」（accommodation）と考えた。この「同化」と「調節」との「均衡化」（equilibrium）により，人の認識が発達する。均衡化は，「混乱（予想の失敗等）に対する活動の修正（調整 régulation）によってより良い均衡へと反応する傾向として，生じるものである」とモンタンジェロ（Montangero, 1996, 邦訳書 31 頁）は説明している。

　また，ピアジェは，人の思考・知的発達を「操作」（operation）の発達として捉え，主体と環境との相互交渉は知能の操作的理論につながるとした。また，知的行動の本質は，決まった「構造」による集合的な操作にあると述べている（Piaget, 1950）。その過程は，時間，空間的に距離化し（広がり），より「複雑な経路」をとるとしている。滝沢・佐々木（1970）は，ピアジェ（1968）が，乳児期における感覚運動的活動においても，その基礎には，「それらの働きの〈構造〉が潜んでいる」と指摘していることに注目している。「構造」のなかでの動的な活動が距離化を進めていくと考えられる。岡本（1977）は，ピアジェの発達論の紹介にあたって，ピアジェにとって発達は「構造」から「構造」への変化であると述べている。「構造」から「構造」への変化を段階的変化としてピアジェは示した。

　ピアジェは，「構造」には，「全体性」「変換」「自己制御」という 3 つの性格が含まれるとしている。「構造」は，前成的ではなく（「認識が主体の内部構造の中であらかじめ決定されているものとみなすことはできない」（Piaget, 1970, 邦訳書 11 頁）），「構成」されるものであるとしている（滝沢・佐々木，1970）。このような「構成主義」のもとでは，子ども（主体）の活動が重要になる。

　以上のようなことから，ピアジェの理論は，これまで「構造主義」（structuralism）に位置づけられているが，「子どもにとっての世界」を理解する観点を提示しているとも考えられる。構成主義の見方から，発達心理学は，まず，発達の主体である「子どもにとっての世界」について，私たち大人が理解を深めることに寄与できる。

　ピアジェ（Piaget, 1950）のいう「感覚運動期」（sensori-motor period）は，定型発達における生後間もなくから1年と少しの言語発生以前の期間を指す。その期間の発達に関して，子ども（主体）と環境との相互作用による認識の発達という点から発展し，近年，新たに欧米で注目されている発達の理論の一つに，「ダイナミック・システムズ理論」（Dynamic Systems Theory）がある。ダイナミックシステムズ理論について，ミッチェル（Mitchell, 2009）は以下のように定義している。

　「ダイナミック・システムズ理論は，実際に見ることができるレベルで相互交渉する多くの『構成要素』（component）の集合体から生じて複雑に変化する行動を示す，システムの記述と予測に関する理論である」（Mitchell, 2009, 15頁）。

　認識についてのピアジェの発達論は，認知発達の「段階論」の一つとしてよく指摘され，ピアジェは，「段階」（stage）という用語を多く用いている。発達心理学において，ダイナミック・システムズ理論から発展した発達理論は，「ダイナミック・システムズ・アプローチ」（Dynamic Systems Approach）として，発達を「システムの様相（phase）」と考え，発達をシステムからシステムへの「移行」（transition）として捉える（Thelen & Smith, 1994）。本書においても着目するゼーレンら（Thelen & Smith, 1994）のダイナミック・システムズ・アプローチでは，システムから新たなシステムへの「移行」によって発達に変化が見られると考え，「段階」ということばは最小限に用いている。

　時間的経過のなかでの変数（システムの構成要素）間の相互作用からシステムの変化やそれぞれの変数の軌跡を捉え，発達の動きを明らかにしようとするダイナミック・システムズ・アプローチ（Thelen & Smith, 1994）は，ピアジェの発達理論からの発展の一つとして考えられる。ダイナミック・システムズ・アプローチは，子どもの発達のアセスメントや支援において有効な示唆を

与えるものと筆者は考察してきた（小山，2018c）．この点については本書の第5章であらためて取り上げることにしている。

1.2　発生と創発

　今日では，子どもの「発達」を環境との相互作用の点から捉えることが一般的になった．そして，「遺伝子の機能は個々の経験に関連して外的な要因によって切り替わること」（Harris & Westermann, 2015, 邦訳書 68 頁）がわかってきて，遺伝子レベルの問題にまでアプローチされている．その考え方が，「神経構成主義」（neuroconstructvism）という 1990 年代から発展した発達の理論モデルである．神経構成主義も，ピアジェの発達理論やダイナミック・システムズ・アプローチから発展してきたものである．ピアジェの理論は，生後間もなくからの乳児は外界との相互作用を通して認識を発達させることを示している．そこでは，他者との関係性が問題になってくる．

　また，今日の神経構成主義では，遺伝子の表現は社会的・物理的制約を受けるという点を指摘している（Goswami, 2014; 小山 2018c）．ハリスらは，親や兄弟，他者といった人とのネットワークのなかでの社会的相互交渉について，「神経構成主義では，社会的経験は経験を処理する神経ネットワークを再び形成する特殊な経験につながる」と述べている（Harris & Westermann, 2015, 邦訳書 70 頁）．

　神経構成主義が焦点を当てている点は，発達心理学において古くから議論されてきた「遺伝か環境か」「氏か育ちか」の問題であり，近年，欧米においてはその問題を明らかにすることにつながる研究が進んでいる．ピアジェの理論では，人に固有の特徴である言語は，感覚運動期の発達を基盤に出現する．彼は言語の獲得について，チョムスキー（Chomsky, 1957）を引用し，「生得的図式」と「文化的性格の習得」といった 2 つの観点だけでなく，「内的均衡」（equilibration）あるいは「自己調整」の過程が存在することを指摘している（Piaget, 1968）．発達は方向性をもち進展してゆくものであるが（村井，1980），

ピアジェは「自己調整」が人の認知における「構成」と両立しうる，一つの方向づけをするものであると述べている（Piaget, 1968）。

　ピアジェは，人間の認識の発達のなかの思考の発達について，抽象的思考が可能になることが人間の「完態」であると考えたとよく紹介される。しかし，ピアジェは，人間をトータルに考えるとき，「人間精神をたえざる自己構成の産物と考えずに」と述べている。ピアジェのこのことばは，発達において「発生」ということが深く関わっていることを示唆している。発達心理学を学ぶものにとって，「発生」についての考察は重要であろう。しかし，ピアジェは，「発生をさかのぼる必要性を確認するということは，絶対的に語られる最初の段階としてみなされる特定の段階に特権を認めるということを意味するものではない」と重要な指摘をしている（Piaget, 1970）。

　神経構成主義も，この「発生」の問題をさまざまな「制約」との関係で追究しているといえる。

　また，人間の高次の精神機能の発達を考える際，発達心理学においては，「創発」（emerge）という概念が注目されてきた。創発とは，ハリスらによると，「複雑な行動がより単純な行動から生じること」である（Harris & Westermann, 2015, 邦訳書 63 頁）。この点についても現時点では，ゼーレンら（Thelen & Smith, 1994）のダイナミック・システムズ・アプローチからの臨床的実践から糸口が得られるのではないかと考えられる。茂木（2020）は脳科学の立場から「意識」（consciousness）について考察するなかで，システムの複雑性と創発との関連性を指摘している。

　ピアジェの「発生的認識論」は，「最も基本的な認識形態から始まって，さまざまな種類の認識の根本を明らかにしようと試みる」（Piaget, 1970, 邦訳書 12 頁）ものである。そしてピアジェは，主体の活動を明らかにし，人の認識のなかに主体の「構成」を見ているのである（Piaget, 1970）。この「構成」から「創発」が生じるとピアジェ理論からは考えられる。

　さらに，ピアジェがいう「構造」は「機能的」かつ「発生的」である。ピアジェは，「機能」は構造の起源である自己調整のなかに含まれているとし，そして，「発生」はピアジェ理論では，「一つの構造から他の構造への移行」にほかならない。また，「『発生』は，構造の概念の意味自体に関わる」とピアジェ

は述べている（Piaget, 1968）。その構造から構造への「移行」に今日のことばでいう「創発」を見ることができると考えられる。

1.3　心像，模倣，表象から操作へ

　人の発達を考えるうえで重要な点の一つが「表象」（representation）である。1.2 節で見てきたように，発達研究では，ある様相からある様相への変化の過程を追究することによって，人の成長・発達に大切なことを発見することができる。今日では，ゼーレンらのダイナミック・システムズ・アプローチに見られるように，ある様相からの次の様相への変化が「移行」として記述されている（Thelen & Smith, 1994）。

　ピアジェの認識の発達論において，「移行」のわかりやすい例が，「操作」の発達であろう。特に感覚運動期からの操作への移行については，詳細にはふれられていないが，「表象」「心像」（image）がその説明のキーワードになっているといえる。その点に関して，ピアジェは，3 つの水準を指摘している。第一に，「直接活動の感覚-運動的水準」である。第二に，「活動の面ですでに習得されているものを，表象という新しい面で再構成しなければならない」水準である。第三には，「個人相互間のまたは社会的な世界」に対してなされていく分極化である（Piaget & Inhelder, 1966）。模倣は乳児期から発達するが，ピアジェによると，心像は，模倣の内面化から始まる表象化によるものである（Piaget & Inhelder, 1966）。

　ピアジェにとっての「操作」（operation）とは，「成熟した知能を特徴づけるもの」であり，「一つの働きかけであり，内面的なもの」であると，ファース（Furth, 1969）はわかりやすく説明している。またファースは，「ピアジェが操作という語を，特定の思考活動のなかにはっきり現れている一般的規則という意味と，思考活動それ自身という意味との両方で使っているということに留意しておくと有益である」とともに，「ピアジェは，操作はどんな種類の働きかけからでも出てくるのではなく，結合したり順序づけたりするような最も

一般的な働きかけからしか生まれてこないものであることをしばしば強調している」と述べている（Furth, 1969, 邦訳書，61 頁）。先に述べた心像は，操作を助けるものであるとされている（Piaget, 1970）。

そして，ピアジェは，「活動」が「操作」の起源でもあるという（Piaget, 1968）。ピアジェは操作を純粋な行為として位置づけている。この点は，別の書で筆者はすでに指摘したが（小山，2018b），今日の「身体性の認知」（embodied cognition）の理論につながっている。エンボディメント（embodiment）という考え方は，「認知が身体で形成される」というものである（Harris & Westermann, 2015, 邦訳書 69 頁）。

例えば，定型発達において，生後 10 か月頃から見られる「バイバイ」という身振り（gesture）がある。日常的によく見られる身振りであり，模倣や周りの大人の意味づけから発達し，個人差が見られるが，表出語彙の発達とも関連がある（Koyama, 2017）。Koyama（2017）の結果から，特に表象的身振りの発達や他者の行動の模倣には個人差があることが示唆され，表象的身振りの発達は，初期の生産的な語学習と語によるカテゴリー化における個人差に関連していると考えられた。以前の研究の多くは，身振りの発達はことばの遅れの重要な診断予測因子であると結論づけている（Fletcher & O'Toole, 2016）。表象的な身振りと他者認識の発達は，その後の語学習における拡張マッピングであるとゴスワミ（Goswami, 2014）が指摘しているように，他者が使用している語に対する概念的期待に関連していることを示唆しているのではないかと考えられる。

前言語期の身振りの発達について注目すると，生後 10 か月頃の身振りはこの時期の重要な発達を示している。子どもの手を振る動作が，人との関係のなかで意味づけられ（子どもの主体的な意味づけと対人的な表象が関わっている），社会化される。周囲の大人がバイバイの動作をし，その模倣を通して動作的なシンボルとして自立していく。その過程には，自らの「手を振る」といった身体が関わっている。物を振るといった「感覚運動的シェマ」は，子どもと物との実践的な活動の過程で発達してきたものである（やまだ，1987）。感覚運動的シェマは，内的，外的な基準に従う「体制化」によって，課題に関連した感覚運動的協応のつながりで身体的，環境的過程のサポートを可能にす

表 1-1　模倣の構成要素　(出所) Nadel (2014) p. 3 を小山 (2018a) p. 55 より引用

・注意（視覚的，聴覚的）
・様相間転移（一つの感覚情報が他の感覚に転移される。例：見ないである物に触れたときに，われわれはそれを見たときどのように認識するかがわかっている）
・自分自身の身体認識
・運動産出
・記憶
・活動の統制
・目的・手段の関係把握（行為の遂行に正しい動きができる）
・下位目的の系列的な分析（一連の段階によって進む）
・計画性（目的達成のための段階の順序を考慮する）
・心的表象（対象，出来事，状況を指示する心象）
・心的回転（別の空間に，あるいは他者を参照して，自分を別の位置に置くことを行う）

るものと，ディ・パオロは定義している（Di Paolo, Cuffari, & Jaegher, 2018）。

　表象や心像の発達に関連しているのが模倣の発達である。模倣能力には，さまざまな要素が関わっており，ナデルは，同一の複雑な行為の再生にはさまざまな要素が関係していることを指摘する。これは身体性認知の発達の観点からともいえる。そして，ゴンザレス-ロッチら（Gonzalez-Rothi, Ochipa, & Heilman, 1991）の研究をもとに，表 1-1 に示すような模倣の構成要素を挙げている（Nadel, 2011）。

　模倣には，バイバイの動作のような動作模倣と音声模倣がある。音声模倣は，他者のことばを写し取るといったヒトの言語獲得に大きく影響している。動作模倣も音声模倣も乳児期から始まり，ピアジェは感覚運動的知能期における模倣の発達を，調節における同化の優勢として位置づけている（Piaget & Inhelder, 1966）。動作の模倣において，ピアジェが注目したのが，子ども自身が行っている行為の模倣と，自分はまだ行えないが他者が行える行為の模倣とを区別して考察していることである。その後，メルツォフらの実験によって，条件によっては，ヒトの乳児は早期に他者の行為を模倣することが可能であるとわかってきた。このメルツォフらの実験はさまざまな発達的解釈を生み，今日では，他者理解の発達との観点で検討されている（Meltzoff & Gopnik, 2013）。

　岡本（2009）は，模倣の発達に時間を要する自閉症をもつ事例における語用的メタファー的理解の困難さに注目し，以下の点を指摘している。「自他の二重性と虚実の二重性といった象徴形成の障がいが，自閉症をもつ人たちのメタ

ファー的含意性の成り立ちにくさとして現れていると考えられる。そうした観点から，今後の療育課題を計画的に再検討し適用していく計画が必要となる。そこでは模倣の新たな観察と理論化が重要な役割を果たすこととなろう」（岡本，2009, 118 頁）。メタファーの発達と身体性認知の発達との関連については，近年，認知言語学の成果によって，空間的表象といえる「イメージスキーマ」（image schema）との関連で興味深い資料が集積されている。

1.4　表象の発達

　ヒトに固有の言語能力の起源に関して，ピアジェのいう感覚運動期から前操作期への移行が注目されるとともに，その位置づけが問題になっているのが，「表象」である。ディ・パオロは，ピアジェ理論から発展し，身体や身体が関わる環境から思考が影響を受けるという身体性認知の観点から，「仮想行為」（virtual actions）という観点を提示している（Di Paolo, Buhrmann, & Barandiaran, 2017）。

　「表象」というと，描かれた絵や撮られた写真そのものを指す場合がある。また，友達と一緒に写った写真を見て，その当時のことや，これからのことについて思い起こすことを指す場合がある（McCune, 2008）。筆者が表象という場合は後者の立場であり，ピアジェも表象をそのように捉えていると考えられる。したがって，描画などの表現されたものと区別するため，筆者はこれまで，「表象化能力」（capacity of representation）ということばを用いてきた。また，表象では，現前しないものを思い起こしたりする「知覚的表象」と，概念などの「意味的表象」が厳密には分けられ，知覚的表象は「イメージ」とも呼ばれる。実際には知覚的表象と意味的表象とは一体になっており，発達的には「表象化能力」と捉えたほうが興味深い。

　表象化能力は，ピアジェによると，感覚運動期の末期に出現する（Piaget, 1950）。能動的な探索や活動から，心内での実験ができるようになる。例えば，容器に入っている物を出そうとして，容器を振ったり，打ち付けたりして，そ

表1-2　マッキューンの象徴遊びの水準とそれに対応する他者認識の発達
(出所) McCune (2008) より著者が作成．小山 (2012) p. 365 を改変

水準	基準
1	子どもは簡単な再括的シェマによって，物の用途や意味を理解している（物の慣用的操作）ことを示す。ふりをすることはみられない。
2	子どもは自己に関連のある活動のふり遊びをする。象徴化は子どもの身体に直接関係している。子どもは遊びを楽しんでいるように見え，ごっこの意義がうかがわれる。
3-A	人形や母親のような他者または行為の受け手がふり遊びに含まれている。他者への投射。
3-B	犬，トラック，電車などの物や他者がする活動のふりをする。
4-1	1つのふりシェマが何人かの行為の受け手，動作主に関係する（行為の連鎖のある象徴遊び）。
4-2	いくつかのふりシェマが順序をおってお互いに関係づけられる。
5-1	単一シェマによるふり遊びであるが，計画性が出てくる（水準5で見立て行為が出現する）。
5-2	水準2から5-1の遊びで構成され，遊びのなかでいくつかの計画性を組み合わせ始める。

マッキューン・ニコリッチの象徴遊びの水準

象徴遊びの水準	他者認識の発達
水準1: 前象徴遊び	自己と他者の認識は示されない。
水準2: 自動象徴的ふり	養育者と表象的意識の共有への期待。
水準3: 脱中心化した象徴遊び	養育者との関係における表象の結合。
水準4: 結合的なふり遊び	自己と他者における象徴的意識が潜在的に等しいことの認識。
水準5: 階層的な結合的ふり遊び	養育者からのより脱文脈的な働きかけの受容。十分な表象的意識の共有が可能となる。

　の中の物を取り出そうとしていた子どもが，そのような行為をせず，容器を下に向けて中の物を落とすといった行為を実際に試すこともなしに，心内でそれを行い，容器の中の物を取り出すことができるようになる。定型発達では，おおむね1歳過ぎにこのようなことが可能となる。そこに「表象化」の発達の一端を見ることができる。

　子どもの初期の言語獲得に関する研究を組織的に進めているマッキューン (McCune, 2008) は，「表象化」に対して「心的表象」(mental representation) ということばを用いている。哲学的には，例えば，りんごを私たちが見

たとき，大脳皮質の視覚野でそれを像として捉えることを「心的表象」といい，私たちが見ているものは心的表象であるとする（Gabriel, 2013）。マッキューンは，ピアジェが着目した感覚運動期の，その物の姿が現前しなくてもその物は存在しているといった認識である「物の永続性」（object permanence）の発達に感覚運動期における最も高次の段階の心的表象の発達を見ている。その後は，子どもの遊びのなかでの「ふり遊び」（pretence）の発達に心的表象の発達が見られるとしている（McCune, 2008）。マッキューンも心的表象ということばを用いているが，ピアジェ理論に拠り，子どもが対象に直接関わることとそれを身近な大人と共有できることが表象形成の基盤にあると考えている。マッキューンは，2歳ぐらいまでのふり遊びに5つの水準を考え，その発達過程に，他者との表象の共有の観点を含めている。表1-2は，それを筆者がまとめたものである（小山，2012）。

1.5　象徴機能と他者認識の発達

　感覚運動期の末期に，存在しないものや，あるいは存在するものを表象に置き換え，それを別のもので表す「象徴機能」（symbolic function）が発達する。象徴機能は，ピアジェ理論によると，感覚運動期の諸発達を基盤に出現する。村井（1987a）は，ことば獲得以前の「子どもと人との世界」と「子どもと物との世界」とが統合されてくることによって象徴機能が出現すると述べている。象徴機能の発達は，他者の行動から他者の意図や信念を推測・表象し「他者認識」に関わる「心の理論」（Theory of Mind）の発達に関連している。心の理論は「心理化」（mentalizing）ともいわれる。「他者認識」という用語は主として哲学において用いられ，発達心理学では「他者の心の理解」（understanding other minds），「心の理論」や「社会的認知」（social cognition）という用語のほうがよく使用されているといってよい。廣松（1989）は，「自我」に対して「他我」が理解できるようになる意味も含めて，他者認識という用語を用いている。フッサールは，主観と主観との関係のなかで生成するものと関連す

る「他者の心的生への感情移入」ということばを用いており（Husserl, 1973,
邦訳書 105 頁），フッサールの現象学では本質を見ることの重要性が指摘され
ている。そのような点をふまえると，自我の理解と他我の理解を含む「他者認
識」という用語を用いるほうが，心の理論はそれを達成する一つの能力である
という意図を表現できるのではないかと考え，筆者は「他者認識」という用語
を用いてきた。フッサールは，自我について，「自我それ自身は，体験でなく
体験する者であり，行為ではなく行為を行う者であり，特徴ではなく特徴を固
有な仕方でもっている者，などである」と述べている（Husserl, 1973, 邦訳書
17 頁）。

　象徴機能の発達は，自我の形成と他者認識の発達と関連があり，進化的には，
心の理論と言語などの象徴機能はほぼ同時期に出現したのではないかと考えら
れる。私たちの祖先であるアフリカで誕生した新人ホモ・サピエンス（Homo
Sapience）出現以前には，旧人ネアンデルタール人（Neanderthals）が生活し
ていた。新人ホモ・サピエンスと旧人ネアンデルタール人との学習能力の差は
どうであったのかという点が，考古学，人類学の分野でわが国においても注目
されてきた（赤澤, 2010）。また，ネアンデルタール人については，その象徴
行動や言語の発達の様相に関して，多くの研究が積み重ねられている（Ber-
wick & Chomsky, 2016; 篠田, 2022）。しかし，ネアンデルタール人の象徴的行
動がどうであったかという点についてはまだ明らかになっていない。近年では，
シンボル的な工芸品が現れたのは，アフリカに初めて現生人類が登場してから
であると，バーウィックとチョムスキーが述べている（Berwick & Chomsky,
2016）。バーウィックらは，ネアンデルタール人には現代的な象徴的行動がな
かったとする立場に立っている。

　村井（1987b）は，子どもの初期の「ママ」ということばがしだいに「自ら
の欲求と直接関係した対象を表すのではなく，時間空間的に自由度と可塑性を
もってくる背景に，私の母親はこういう人だという時間・空間を超えた安定し
た枠組みが成立している過程」があり，そこに自我と他者認識の発達を見てい
る。そして，「ママ」という語のシンボルとしての自律化を指摘している（村
井，1987b, 63-64 頁）。ピアジェは物との世界に注目して感覚運動期の発達を
詳しく示したが，象徴機能出現の社会的基盤や他者認識の発達との関連につい

ては，ピアジェの理論では十分にふれられているとはいえない。表象化と象徴機能の発達は，言語の出現と発達に関わっているが，物との関係だけではなく，人との関係や他者認識の発達との関連，また両者の統合化の過程についても見ていかねばならない。

1.6 表象書き換えモデル

　表象については，カーミロフ–スミスの発達理論のなかに見られる「表象書き換えモデル」（Representational Redescription）にふれておかねばならないであろう。カーミロフ–スミスは表象書き換えモデルについて，「子どものもつ表象がしだいに操作可能に，しかも柔軟になっていくという側面，知識への意識的な接近が見られるようになるという側面，さらには子どもの理論構築の問題を，うまく説明しようとするものである」と述べている（Karmiloff-Smith, 1992, 邦訳書 23-24 頁）。

　カーミロフ–スミスはピアジェのもとで学び，「生得的制約と環境的制約との間の相互作用」が子どもに「共通の発達の道筋を作り出している」として，ピアジェを再認識する立場に立っている（Karmiloff-Smith, 1992, 邦訳書 206 頁）。表象書き換えモデルでは，3 つの相を見ている。これらの相について，カーミロフ–スミスは以下のように述べている。

　　第一の相では，子どもは外的環境がもたらすようなある情報に対して優先的に焦点を当てる。（中略）。第一の相の後，子どもが外的なデータに焦点を当てる必要がなくなり，内的な表象が変化の中心となるようなシステムの内的原動力に引き継がれるといったほうがよい。（中略）。最終的には，第三の相において内的表象と外的データがうまく結びつき，内的表象の検索と外的手段の間の均衡が保たれることになる。たとえば言語を例にとるなら，正しい語法に復元するための入力と出力の表象間の新たな対応づけが行われるようになる（Karmiloff-Smith, 1992, 邦訳書 25-26 頁）。

　表象の書き換えは，発達的に長い時間をかけ，「人の発達の一部を構成するできごとのように思われる」とカーミロフ-スミス述べている（Karmiloff-Smith, 1992, 邦訳書 185 頁）。カーミロフ-スミスは，「言語，数，物理など，特定の知識領域を維持する表象の集合」を「領域」（domain）と呼んでいる（Karmiloff-Smith, 1992, 邦訳書 14 頁）。分化の過程で領域が特殊化し，そこには領域における創発も見られる。領域における特殊化の創発は，表象の書き換えによって進むとトーマスらは述べている（Thomas, Mareschal, & Knowland, 2021）。

　カーミロフ-スミスの表象書き換えモデルは，表象化が「安定化」する過程で進展していくことを示すと考えられ，その安定化は領域において進んでいく。表象書き換えモデルに関しては，ピアジェのいう概念的シェマの形成との関連性を検討していくことも重要であろう。

第2章

発達における
安定性と不安定性

2.1 発達の方向性

　発達は複雑でダイナミックなものである。そこには,「安定性」(stability) と「不安定性」(instability) が見られる。ネアンデルタール人が制作した石器のレパートリーを見ても,ネアンデルタール人の文化が固定していたという指摘は「安定性」を考えるうえで興味深い。彼らの社会においてもその当時,厳しい環境のなかで発達的には「安定性」と「不安定性」が見られていたのではないかと推測される。

　人の発達は直線的に右上がりに変化していくものではない。しかし,「発達」には何かに向かって動く「方向性」という意味が含まれている (村井, 1980)。人の発達がある方向に向かって動いているとき,安定性と不安定性が見られる。

　ピアジェは,発達の安定性や不安定性についてあまりふれていないが,ピアジェのいう混乱による活動の修正である「均衡化」の概念に含まれるのでないかと考えられる (Montangero, 1996)。ゼーレンら (Thelen & Smith, 1994) のダイナミック・システムズ・アプローチにおいては,システムの構成要素の安定性と不安定性とが微視的に注目され,筆者も障がいをもつ子どもたちの発達とそのアセスメントを考えるうえで着目してきた (小山, 2018c, 2022c)。発達支援を進めていくうえにおいて「発達的観点」や「発達的に」という場合,安定性や不安定性に関連する点について十分に検討されているかといえば,そうとはいえない。ゼーレンらは,システムの構成要素の安定性と不安定性につ

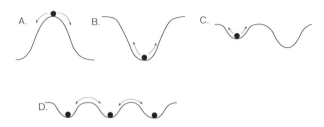

図 2-1　安定したアトラクターと不安定なアトラクター （出所）Thelen & Smith（1994）p. 60

いて，「アトラクター」（attractor）の観点で説明する。アトラクターの安定性はポテンシャル井戸の深さとして示され，ボールがアトラクターである。可能なアトラクターの状態が図 2-1 のように示されている。アトラクターは安定性と不安定性を含み，アトラクターの変化にはボールのエネルギーが関係する（Thelen & Smith, 1994）。

　子どもの発達を微視的に見ると，言語など，ある発達の「領域」における行為の出現について，安定して見られる時期と，不安定な時期が見られる。この点は当然，環境，文脈における変化と関連していると考えられるが，個人内では一貫性も見られるのではないだろうか。岡林（2008）は，ゼーレンらは，人間の発達を渓流の流れで説明したと述べ，アトラクター（引きつけられるもの）といった用語は，「全体としてのシステムの動きを空間的にマッピングする」（岡林，2009, 5 頁）状態空間のなかでの谷や川の流れに喩えられるとしている。ゼーレンら（1994）は，システムは行動のいくつかのモードを好み，そのうちのシステムがそこに戻り変化に抵抗する行動的なモードを，アトラクター（an attractor state）と呼んでいる。しかし，そこでは，安定しているように見えてもミクロなものも含めて変化が起こっている。現在の発達研究においては，ニューロンのレベルからその検討が進められている（Thomas & Brady, 2021）。トーマスら（2021）も指摘する「全体的な機能が出現する」ことに注目し，それらのミクロな変化をまとめていく「体制化」のプロセスにおける安定性と不安定性への注目が，発達理解においては重要であるとともに，発達研究では必要である。

　システムは，外的な要因がなくても秩序だった状態に調整する。この「自己

体制化」（self-organization）の概念を，ダイナミック・システムズ・アプローチでは重視している（Harris & Westermann, 2015）。システムは，安定性を志向するが，自己体制化にブレーキをかけることも必要となる。この点については，発達を考える際にこれまで十分に検討されてきたとはいえず，ブレーキをかける変数についてもダイナミック・システムズ・アプローチから明らかにできるかもしれない。また，心理学的手法を用いて経済全体を分析しているといわれる経済学者のセドラチェク（Sedlacek, 2017）は，「歪んだシステムは歪んだ結果を招きます」と述べている（Sedlacek, 2017, 87 頁）。「システムの歪み」という捉え方はダイナミック・システムズ・アプローチにおいても検討を要し，その観点から構成要素の相互作用による安定性や不安定性を見ていかなければならないだろう。「システムの歪み」は発達における不安定性や多様性（variation），そして，「非定型発達」の理解にもつながるものと思われる。

　ゴールディン（Goldin, 2016）は，経済学の立場から，発達は「必然的にある程度，基準あるいは価値に基づくもの」であると述べ，発達は，経済学だけの主題ではなく，急速な進展によって，政策学，社会学，地誌学，人類学，医学，そして心理学といった学際的な対象になっていると指摘している。村井（1999, 1987a）は，社会科学に発達心理学を位置づけ，発達心理学の定義のなかに「価値」の問題を含めて以下のように，述べている。

　　　人間が生み出してきた諸科学のなかで，人間精神を価値を目指す時間的統一体という視点から捉え，時間的経過のなかでの精神の変化の様相を明らかにするなかで，その変化の人間的意味を問うとともに，変化の法則性を発見しようとする科学である（村井・小山・神土，1999, 1-2 頁）。

　村井（1999）は，人は「価値」を目指して生きるもので，その目指す方向性が「発達」ともいえるとしている。ゴールディン（2016）が指摘しているように，「段階」といった場合に，ある「価値」が想定され，人がそれに向かう方向性のなかで発達が問題にされてくる。人の発達には，その人が生きる社会の価値や文化が影響する。筆者は以前に「価値模索の時代」と述べたが（小山，2006），セドラチェクも，これからの時代に向けて「人類には未来を指し示す

物語が決定的に重要なのです」と述べている（Sedlacek, 2023, 106 頁）。

　社会の文化・価値という観点から考える発達をわが国では古くは教育・臨床的には「タテの発達」と呼んできた（園原, 1977）。「タテの発達」と呼ばれてきた面の発達には，ゴールディン（Goldin, 2016）も述べているように，さまざまな要因が関連している。人が諸経験をまとめていく「体制化」のプロセスには，「価値」が関連している。発達における「安定性」「不安定性」の問題にも個人や社会の価値が関係しているといえる。

　ブルーナーは，乳児期から，日常的な活動において身近な大人との「共同活動」（joint activity）の過程で文化を子どもに手渡していくことに注目し，身近な大人による発達の「足場づくり」（scaffolding）という観点を提示した（Bruner, 1983）。身近な大人の足場づくりには，子どもが育つ文化のなかでの「価値」が関わっているといえる。その価値によって，発達は安定している，不安定であると評価がなされるのかもしれない。

　人間の発達においては，内的要因と連関して，めざす価値とその方向性や，その時期の環境における変化など，さまざまな外的要因によって，「安定性」と「不安定性」とがもたらされるといえる。個々の人の生活のなかでのそれらの「さまざまな要因」を明らかにしていくことは，子どもの「豊かな発達」を考えていくうえにおいても重要だろう。

2.2　過渡的様相への着目

　発達心理学においては，なぜあるフェーズから次のフェーズへの移行が生じるのかや，また，個々の発達における安定性と不安定性を考えるうえにおいても移行に関わる要因を説明しなければならない。そのような検討には，「多くの生物学的・環境的制約によって形作られる」と定義される「発達的軌跡（軌道）」（developmental trajectory）（Rinaldi, 2021, 283 頁）が，障がいや早期の何らかの要因によってコースから外れ，別の流れにつがなり，後の発達においてより特殊な障がいとなる「非定型発達」（atypical development）について

理解していくうえでも重要である。ピアジェは，乳児を詳細に観察することや臨床的観察によって，子どもの発達におけるある段階から次の段階への移行，移行への「過渡的様相」に着目したといえる。ピアジェの娘のルシアンヌが1歳4か月0日のときの，動作模倣から表象への移行に関するピアジェの観察例を以下に示す。

観察180　ピアジェの観察例（Piaget, 1952, 邦訳書 350-351 頁）

　次に私は空の中箱（マッチ棒を入れるところ）に鎖を入れ，箱を閉める。そのとき中箱を10ミリほど出しておく。ルシアンヌはまず箱全体をひっくり返す。次にあいている口から鎖をつまもうとする。それでもうまくいかないので，開いている口に人差し指一本を差し込み，鎖の一部をどうにか外に出し，それを引っぱって完全に成功する。

　われわれが強調したいのは，ここからの実験である。私はもう一度鎖をマッチ箱に入れ，今度は3ミリだけ隙間を残して箱を閉める。ルシアンヌはもちろんマッチ箱を開け閉めできることを知らないし，私が準備しているところを見てもいない。彼女は箱をひっくり返して中身を開けることと，隙間に指を差し込んで鎖を引き出すことという，上に見た二つのシェマしかもち合わせていない。彼女は箱をひっくり返して中身を開けたり，隙間に指を差し込んで鎖をさぐろうとしたりするが，これは完全に失敗する。そこでしばらく中断があり，その間にきわめて興味深い反応が出現する。それは彼女が状況について思考しようとし，実行すべき操作を心的結合によって表象しようとしていることを物語る反応である。それはさらに，表象の発生における模倣の役割をも証示している。すなわち，ルシアンヌは箱の口の拡大をまねる（mimer）である。

　彼女はまず注意をこらして箱の口を見つめた後，はじめは微かに，それから次第に大きく，何度も続けざまに自分の口を開閉した。箱の口の下に空洞があることを理解しており，それを拡げたがっているのは明らかである。表象するための努力が造形的（plstique）な形をとって表れたわけである。つまり，ことばや鮮明な視覚的イメージでもって状況を思考することができないので，〈能記〉すなわちシンボルとして，動作的指示（indication motrice）を用いているのである。この役割をみずから引き受ける動作的反応は模倣以外にはない。模倣とはまさに行為による表象（representation en actes）なのである。

　ピアジェのこの興味深い観察例は，表象の発生と模倣との関連における過渡的様相に注目したものであるが，安定性がうかがえても不安定性は見られない。そして，発見というよりも「発明」と「表象」という二つの本質的問題が現れているとピアジェは述べている（Piaget, 1952）。試行錯誤と発明との違いは，「速度の違い」であるとピアジェは指摘している。ピアジェは過渡的現象のなかに，同化による構造化と「獲得性の牽引力」を見ており，そこには安定性があると考えている（Piaget, 1952）。

　障がいをもつ子どものなかには，初めての有意味語（初語）が出現しても，そのことばが使用されなくなる事例がある。このような事例からも，あるフェーズから次のフェーズに至るまでの過渡的な様相には，「安定性」と「不安定性」が見られると考えられる。障がいをもつ子どもを育てている保護者から，「この子は 1 歳過ぎ頃にはブーブーとかワンワンとことばを発していました。でもその後，言わなくなりました」と相談を受けることがある。このような事例における，有意味語が見られていたがその後見られなくなったという現象では，見られていた有意味語が喃語（babbling）の延長であった。有意味語は象徴機能の出現とともに見られ始め，その後，組織的に増加していくが，このケースの場合，象徴機能に支えられたものではなかったともいえる。また，定型発達においても，出現していた有意味語が他の表出言語の獲得によって消失していく場合がある。定型発達の場合は，表出されていた語が見られなくなることが他の語の増加によって目立たなくなるが，障がいをもっている子どもの場合，新しい語の増加が見られない場合に，消失化の現象が目立つと考えられる（村井，1987a）。そして，これらの現象は，表出語彙の増加に向けての不安定性，定型性，非定型性を示しており，安定化への過渡的現象であるとも考えられる。初期の言語獲得過程に見られる「個人差」（individual differences）には，この発達における安定性と不安定性の問題も関わっている（Koyama, 2022）。

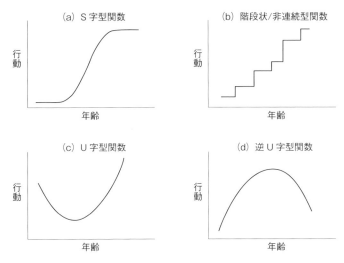

図 2-2　非線形的な発達 （出所）Harris & Westermann（2015）p. 38, 著者翻訳

　個人のなかでのある能力の安定性と不安定性については，「非線形的」（non-linear）な発達として発達心理学では注目されてきた。ハリスら（2015）は，非線形発達として，図 2-2 に示すような発達曲線を示し，S 字型発達曲線の例として，ハリスら（2015）は，子どもの表出語彙の発達を挙げている。最初の有意味語である初語の出現後，週に数語の獲得が見られ，1 歳後半から 2 歳にかけて，表出語彙が急速に増加する。そして，生活年齢が高くなると新しい語の獲得は緩慢になる。表出語彙の量的増加を発達曲線として示すと S 字型になる。ある能力やスキルの発達曲線を見ることによって，安定性や不安定性が見られる時期はある程度推測することができる。

2.3　発達の潜在期

　子どもの発達は特に，出現から安定・定着のプロセスをたどると考えられる。出現から定着の間には，行動面で大きな変化が見られないことがある。発達の

潜在期にあるといえる。この問題は，発達の連続性・非連続性の問題とも関連している。筆者は，療育，教育的には，ピアジェ理論からその時期を「内面化」（internalization）というプロセス（諸経験が統合されていく）と考え，その点からも発達支援を考えてきた（小山，2018b）。ファースは，ピアジェ理論における「内面化」を，「外面に現れる運動が，しだいに外に現れないおおまかなものになり，終局的に短略すること」と説明している（Furth, 1969）。外面的に発達の潜在期と考えられる時期は，諸経験の過程で内面化が進展していくと考えられる。

　村井（1987a）は，一見，後戻りしたように見える行動は退行・停滞ではないと指摘し，「発達の潜在期」として位置づけている。先の例で出現していたことばの発語が見られなくなる現象の背景には，先に述べたようにいくつかのことが考えられるが，発達の軌跡だけではなく，他の発達との関連を見ていくことが前提となる。現在のところ，ダイナミック・システムズ・アプローチを用いて，着目する発達の構成要素のそれぞれの軌跡や相互作用を検討することによって糸口が得られるのではないかと考えている。

　表出言語の出現が著しく遅れている事例の言語獲得を予測する際に，ダイナミック・システムズ・アプローチは有効であると筆者は考える。ダイナミック・システムズ・アプローチでは，システムを変える最後の変数（構成要素）を「統制パラメーター」（control parameter）という（Thelen & Smith, 1994）。有意味語がなく，全体的な発達に遅れがある事例の縦断的資料をもとに，この事例の表出言語獲得における統制パラメーターについて検討した。研究方法は，本事例の6歳1か月から7歳5か月までの発達支援場面のVTRを再生し，マッキューン（2008）が指摘するダイナミック変数を，有意味語出現までの過程に注目して分析した（小山，2015a）。

　その結果，図2-3に示すように，現実の物のミニチュアである小事物操作が広がり，ふりは，自分に対して行為を向ける「自己に向けたふり」（self-pretend）から他者や人形（ぬいぐるみ）に向ける「他者に向けたふり」（projection to others）へと移行していた。本事例では，象徴遊びでの自己に向けたふりの出現に見られる心的表象の発達とともに，子音の出現が見られ，その「相乗作用」（synagy）が示唆された。伝達的母音的発声（グラント）（com-

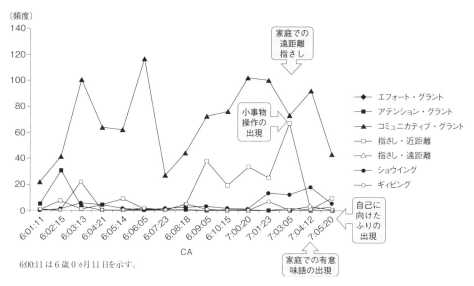

6:00:11 は 6 歳 0 ヵ月 11 日を示す。

図 2-3 重度知的発達症をもつ事例の有意味語出現までの諸変数の発達的軌跡：ダイナミック・システムズ・アプローチから（出所）小山（2015a）p. 15 より作成

municative grunt）などの前言語的伝達の量的側面がアトラクター状態を示し，安定化により，統制パラメーターであった心的表象が結果として現れると考えられた。

　また，図 2-3 において，伝達的なグラントとミニチュアでの小事物操作が安定化していくなかで，自己に向けたふりや，家庭での少し離れたところにある対象への指さしである遠距離指さしといった表象化の発達が見られていることは興味深い。この事例の検討から，有意味語出現までの移行期には，その特徴として，構成要素（システム）の安定性やダイナミック・システムズ・アプローチでいうところのアトラクター状態が見られることと，システムはいったん安定化するとなかなか変化が見られないことが示唆された。

　ダイナミック・システムズ・アプローチから見ると，「発達の潜在期」には，システムからシステムへの移行の時期における構成要素の安定性やアトラクター状態，統制パラメーターが関係しているといえよう。

第**3**章
定型発達と非定型発達,
多様性と個人差

3.1　ウォディントンのエピジェネティク・ランドスケープから

　ハリスは,発達研究は,発達的現象とその変化を記述し,それを説明することを目的としていると述べている (Harris, 2008)。その発達的軌跡に着目することによって発達理解が進む「発達的現象」を発見することも,発達心理学の役割の一つといえる。

　多様な変化の理解にはまず,「定型発達」(typical development) の記述と,

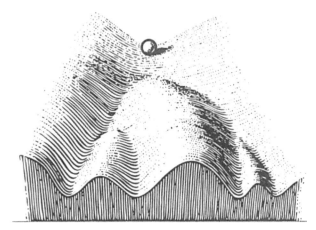

図 3-1　エピジェネティク・ランドスケープ (epigenetic landscape) のモデル
(出所) Waddington (1957) p. 29

ある特定の時期の子どもの行動に見られる個人的多様性の記述が必要である。それに基づいて非定型的な発達を特定でき，説明が可能となる（Harris, 2008）。定型発達の理解には，発達心理学のテキストにおいてよく引用されているエピジェネティク・ランドスケープ（epigenetic landscape）のモデル（図 3-1）の喩えが参考になる。谷と丘で作られる地形をボールが転がっていく経路であり，多様性を示す。谷と丘で作られる地形は環境的要因によって変化し，ボールが転がっていく経路も変わる可能性がある。わが国では一般に用いられている「健常発達」と同じような意味で使う人もいるが，「定型発達」は研究的用語であり，今後，さらに検討されていくものである。ハリスは，良い発達研究は個人差の研究を可能にするとも述べている（Harris, 2008）。

　前章でふれたような，ある行為の出現から定着・安定に時間を要していることも，個人差として捉えられ，ケースによっては，「非定型性」（atypicality）の一つの形とも考えられる。障がいをもつ子どもの発達支援においては，「標準」「基準」（norm）といった点が問題となる。障がいをもつ子どもの発達に関して，村井（1972）は「一般児の成長過程の分析の中で構成された発達段階は，ある限界内では障がい児にも適用することはできるが，しかし，発達段階を一つの観点として捉える場合，従来ある一般児の発達段階をそのまま機械的に障がい児に適用するのはあまりにも安易な方法と考えられる」と述べている（村井，1980，85 頁）。村井（1972）も，発達における非定型性に関する資料の集積とそれに基づく見立て，そして非定型性の理論化とそれをふまえた段階についての議論の必要性を指摘していたと考えられる。なぜその段階に留まるのかといった検討のなかから，非定型性と支援における課題も見えてくる。その際，第 2 章で着目した安定性や不安定性への着目も重要であろう。

　「定型発達」という用語も，標準的な発達と多様性ということが前提にあって考えられるものである。ウォディントンのエピジェネティク・ランドスケープが示唆しているように，ボールの転がり方で喩えられる発達的軌跡には「多様性」が見られる。それは，「個人差」とも関連してくる。発達の理論においては，ハリス（Harris, 2008）が指摘しているように，個人差を説明する理論が必要となってくる。多様性と個人差の説明は，「発達」を考えるうえで重要であり，発達理解とそれを踏まえた支援にさまざまな切り口を与える。

3.2 環境的要因と発達的軌跡

　仲野（2014，21頁）によれば，「エピジェネティックな状態は発生・分化の過程では変化するが，分化が終了した段階になると極めて安定的になる」とあり，「エピジェネティックな特性とは，DNAの塩基配列の変化をともなわずに，染色体における変化によって生じる，安定的に受け継がれる表現型である」と定義されている。

　ハリスらは，細胞分化の後も「遺伝子の機能は個々の経験に関連して外的な要因によって切り替わること」を研究する分野であるエピジェネティクスについて，「いかに経験によって遺伝子のスイッチが入り，また切れるかについて研究する分野である」と述べている（Harris & Westermann, 2015, 邦訳書18頁）。エピジェネティクスは，環境的要因が多様な経路をたどることと関連するとしている。

　発達心理学的には，環境・経験によってただ軌道が変化していくことに加えて，個人の能動性による環境・経験のなかでの「選択性」が問題になってくると考えられる（神土，1999）。人類学者の海部は，ホモ・サピエンスは世界に広がったために，体型や容姿などの多様性は増したが，現在，地球上にはホモ・サピエンス1種であり，原人や旧人がいた時代に比して，「人類の多様性は失われた」と述べている（海部，2022, 267頁）。さらに，ホモ・サピエンスは種としての歴史が浅いので，「遺伝的多様性は乏しい」と海部（2022）は指摘する。篠田は，海部と同じく人類学的立場から，ホモ・サピエンスが各地に拡散して今日の文化を築き上げられた要因は「人びとによる選択による『多様性』なのだ」と認識しておくことの重要性を指摘している（篠田，2022, 8頁）。ここでは，多様性は主体の「選択性」と関連する。

3.3　主体の選択性の起源

　ピアジェ理論では，感覚運動期の感覚運動的シェマは概念的シェマ（スキーマ）に発達していく。コールは，スキーマ（schema）は，「抽象化された心的対象である」と述べ（Cole, 1996, 邦訳書 179 頁），認識の構造であり，互いに関係づけられパターン化された全体的なものであるとする。そして，スキーマとして構成要素のなかで保持され，相互に関係するネットワークを含み，スキーマがこの「選択」のメカニズムになると述べている。このようなネットワークは，感覚運動期から見られることをディ・パオロらは指摘し（Di Paolo, Buhrmann, & Barandiaran, 2017），ピアジェ理論では，感覚運動的シェマの協応だといえる。ディ・パオロらも感覚運動的協応に注目している。

　ここで改めて「選択性」について，ピアジェの感覚運動的シェマからの連続性が注目される。ある本質的な要素が，他を残して，いかに関係づけられるかをスキーマは特定するとコールは指摘している。このスキーマが選択のメカニズムであると，コールは興味深い指摘を行っている（Cole, 1996）。

　ウォディントンのエピジェネティク・ランドスケープ（図 3-1）においては，転がるボールを子どもに喩えると，ボール（子ども）の主体性（agency）や選択性が見えてこないのである。ピアジェの理論からは，子どもが能動的に「環境」に働きかけて発達が見られることが読み取れ，認識の発達には主体性とそこにある能動性とが選択に関連している。ウォディントンのエピジェネティク・ランドスケープだけでの非定型発達の説明は十分ではなく，エピジェネティク・ランドスケープの喩えから，非定型発達に至るプロセスをさらに検討してモデルを構成していかねばならない。

3.4　多様性と自由の獲得

　ベジャン（2020）は，「なぜこれほどの多様性があるのか」の答えとして，「自由からの多様性の誕生」を挙げている（Bejan, 2020）。村井は発達の一つの方向性として「自由の獲得」を指摘している（村井, 1970）。村井やベジャンの指摘からも，多様性には「自由」と「選択」が関連していることがわかる。そしてベジャンは，自由を「自由度」として測定できると述べている。多様性を検討することによって，また「自由度」を特定できるといえよう。発達としての主体の自由からの選択性の説明が必要となってくる。

　「定型発達」という用語には，当然のことながら，多様性と個人差が含まれる。それぞれの点について資料を集積し，多様性と個人差とを解明していきながら，「非定型性」や「非定型発達」について明らかにしていくことで，障がいをもつ子どもたちへの発達支援への示唆を得ることができよう。また，トーマスらは，「発達」そのものの理解が「発達障がい」（developmental disorders）を理解する鍵になるとも述べている（Thomas, Mareschal, & Knowland, 2021）。

　「非定型発達」という用語は，「発達障がい」についての研究のなかで近年，欧米を中心に用いられてきた。アメリカ精神医学会の診断基準であるDSM-5-TR では（American Psychiatric Association, 2022），発達障がいは「神経発達症（障害）群」として分類されている。非定型発達も現時点では研究用語と考えてよい。さらに，環境や経験といった観点からも，非定型発達の変化やそのプロセスを理解し，発達支援につなげていくことが大切であることが，ウォディントンのエピジェネティク・ランドスケープのメタファーから示唆される。バターワースらは，ウォディントンのエピジェネティク・ランドスケープにおいて，「新しい谷」に移る「選択のポイント」を指摘している（Butterworth & Harris, 1994）。非定型発達について考察するとき，先に述べた「選択性」や「自由度」といった観点が重要である。

　「主体」（agent）に関して，ディ・パオロは，「本質的な規範に従って環境との結びつきを非対称的に制御できる自己個別化自律システムであり，多くの

場合，センスメーカーと行動システムと同義である」としている（Di Paolo, Cuffari, & Jaegher, 2018, 329 頁）。それは，ディ・パオロが指摘している主体性の発達とも通じる。知覚発達の立場からギブソンらは，主体性について，統制における自己，行動における意図性の質と捉えている（Gibson & Pick, 2000）。

3.5　モジュールの発達不全

　神経構成主義は，発達の過程を重視し，遺伝的な障がいは妊娠時から定型的な軌道を離れており，初期のこのような偏奇が後にさまざまな領域に現れる（Harris & Westermann, 2015）という見方をする。それが「非定型発達」だといえる。ハリスらは，「このような発達障がいの見方は，特定の障がいが，一つあるいはいくつかのモジュールの発達不全につながるというもので，他の認知システムは影響を受けないと言われるような見方とは非常に異なるものである」と述べている（Harris & Westermann, 2015, 邦訳書 71 頁）。

　「モジュール」（module）は，フォーダーによると，「領域固有（特異的）」（domain-specific），かつ情報遮蔽的（informational encapsulation）であり，先天的に確定されたものである（Fodor, 1983）。カーミロフ‐スミスによると「知識や計算がそこでカプセル化されているような情報処理の単位である」（Karmiloff-Smith, 1992, 邦訳書 14 頁）。また，コリンズによれば，モジュールは，他の領域の発達の影響を受けない領域固有であり，生得的なデータベースを償うようなある領域におけるアウトプットを実行するものである（Collins, 2017）。また，コールは文化心理学の立場から，モジュールについて「弱い見解」と「強い見解」があり，「弱い見解」は，発生的に特定された諸特徴が発達を水路づけるしかたに制限を与える。モジュール性仮説における強い仮説では，領域における行動の特徴は，「それを実現させるのは環境からの正しい引き金だけである」と述べている（Cole, 1996, 邦訳書 276-277 頁）。モジュールについての検討は神経発達症の理解とその支援において重要であり，発達アセ

スメントの方法にモジュールの観点を組み込んでいかねばならないだろう。さらに、トーマスらは、「創発する特殊化」について指摘し、人に見られる「認知的柔軟性」（cognitive flexibility）を産むスキルの学習を超えて生じる情報の共有とともに表象の書き換えによって生得的なモジュール性が補われると述べている（Thomas, Mareschal, & Knowland, 2021）。

3.6　非定型性をめぐって

　非定型性は、全体的な発達年齢や精神年齢と一致せず、不均衡さが見られることからまず推測されるとトーマスらは述べている（Thomas & Brady, 2021）。初期の言語獲得過程の場合には、個人差があるために非定型性を見ることが難しいところがある。しかしながら、表出語彙の獲得内容の方向性や偏りから非定型が捉えられることがある。さらに、表出語彙の発達と統語発達とは定型発達では関連があるが、自閉スペクトラム症（Autism spectrum disorder: ASD）をもつ事例ではそのようにはならない。ASD をもつ事例に見られる初期言語獲得過程における非定型性の一つといえるであろう。

　また、聴覚障がいなどのほかにことばを遅らせるような障がいがないにもかかわらず、言語開始が遅れ、発達初期に表出言語の獲得の遅れが見られる子どもがいる。そのような子どもを「レイトトーカー」（late talker）という。レイトトーカーと後の言語発達障がいや限局性学習症との関連性をさらに明らかにしていくことにより、定型発達の子どもの言語発達に見られる個人差と、非定型性を捉えることもできよう。

　子どもの障がいに関しては、その子どもの診断名から考えられる症状に帰着させて考えられることが多い。そのため、その障がいの背景にある原因について追究されてきた。例えば、自閉症については、1970 年代に入って、自閉症論のコペルニクス的展開（小澤, 1984）といわれてきたように、自閉症の捉え方の変化とともに、「認知・言語の発達の障がい」という点から今日まで多くの研究が集積されてきた。近年では、自閉スペクトラム症の認知の障がいに関

しては，特に，「心の理論」（心理化: mentalizing），行為の抑制や目標設定，選択的注意，プランニング，体制化などが関わる心的過程である「実行機能」（executive function），「弱い全体的統合」（week central coherence）といった点から研究が積み重ねられている（Frith, 2008）。さまざまな情報を意味のある全体に体制化するという弱い全体的統合については，フリスは，「自閉症の深部にある基本的な問題である」と述べている（Frith, 2003, 邦訳書 298 頁）。心の理論と実行機能，そして弱い全体的統合は相互に関連している。レスリーは，心の理論の発達に関連して，一次的表象を超えたメタ表象の働きを指摘している（Leslie, 1984）。心の理論，実行機能，弱い全体的統合の関連性の一つの要因として表象化の発達があるといえる。

　しかし，ヒュームらは，単一の認知理論によって自閉症を説明することは難しく，自閉症は複雑な障がいであり，「認知と行動の水準における複雑性」をもつことを指摘している（Hulme & Snowling, 2009）。単一の「コンディション」だけでの説明は難しく，ヒュームは動機づけや情動の問題に注目している（Hulme & Snowling, 2009）。

　ベジャンによると，「複雑性」は難しい概念であるとしたうえで，科学の進歩によって，「複雑性のなかに構成とメッセージを見てとり始めた」と述べ（Bejan, 2020, 邦訳書 144-145 頁），複雑性の構成から理論が生まれることを指

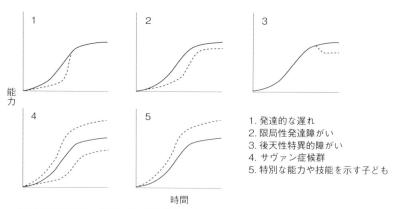

※実線は定型発達，点線は非定型発達を示す。

図 3-2　定型発達と非定型発達における能力の不均衡
（出所）Baughman & Anderson,（2021）p. 56, 著者翻訳

摘している。そのためには，複雑性に見られる共通性を明らかにしていかねばならない。自閉症の複雑性の理解においても，まず認知と行動の水準における「複雑性」を示していくことが課題である。

　定型発達と非定型発達に関して，バウマンとアンダーソンが，図3-2に示されるような発達曲線を考えている（Baughman & Anderson, 2021）。バウマンらは，発達曲線の事例として，遅れ（delay），限局性障がい（specific deficit），自閉スペクトラム症の事例のなかに見られる認知あるいは言語の領域における障がいと他の領域での際立った能力，そして特別な能力や技能を示す子ども（child prodigy）を挙げている。

3.7　クレーン現象やエコラリアが比較的長く続く

　ここで，障がいをもつ子どもの前言語期においてよく見られる，要求伝達時に他者の手や衣服を引っ張って目的を知らせ達成しようとする伝達行為である「クレーン現象」と，相手が言ったことばをそのまま繰り返す「エコラリア」（反響言語）を取り上げ，非定型性について考えてみたい。いずれの行動も，定型発達の子どもにおいてもある時期に観察される行動である。それが長く続くというのは，バウマンら（2021）の指摘からは，遅れ，限局性障がい，自閉スペクトラム症の事例のなかに見られる認知あるいは言語の領域における障がいと他の領域での際立った能力といった点から考察できる。さらに，ダイナミック・システムズ・アプローチからは，第2章でふれたように，長く続いて見られることは安定しているということであり，「安定性」が見られる時期，

表3-1　クレーン現象に関わる発達
（出所）小山（2018b）pp. 8-9 より著者作成

直示的空間での対象（事物）認識
手指機能の発達と手指による対象（事物）の探索
他者認識
話し手と聞き手との距離化
伝達的グラント

あるいはすでに述べてきたアトラクター状態であると説明できよう。

　クレーン現象に，例えば，指さしなどの他の伝達行為が子どもの伝達手段として新たに加わってくるには，表3-1に挙げるような要因が考えられる（小山，2018）。表3-1に挙げている点から構成要素を考え，ダイナミック・システムズ・アプローチによって，クレーン現象が続いて見られる時期の構成要素の相互作用や相乗作用から新たな要素の創発について検討する必要がある（小山，2018）。筆者はクレーン現象に関しては，他者認識に加え，手指機能や聞き手と話し手，そして，そこで共有される対象（物）・出来事で作られる直示的空間における子どもの対象認識や空間理解との関係で検討していく必要があると指摘してきた（小山，2018b）。特に空間理解については，検討が必要である。

　「エコラリア」も，エコラリアの内容そのものには変化は見られていても，クレーン現象と同様に比較的長く続く事例があり，その続いている期間のエコラリアに関わる変数を特定し，それらの変数の相互作用についての検討が支援につながるといえる。構成要素間の相互作用や相乗作用から新たな構成要素の創発について検討することで，「非定型性」をより明らかにしていけるのではないかと考えられる。

　エコラリアについては，クレーン現象と同様に変化に向けての安定性といった発達的解釈が可能であるが，そこには，主体性と他者のことばの「自己化」の発達が関係していると考えられる（小山，2018b）。おうむ返しという用語は次第に使われなくなっているが，時間をおいて見られる遅延反響語とおうむ返しの区別については筆者もよく質問を受けたものである。西村（1995）が指摘しているように，エコラリアと，定型発達の言語発達上で見られる「発達的おうむ返し」「模唱」とは区別される。発達的おうむ返しは，特定の他者との関係性が広がり，子どもにとっての「意味あるもの」が形成されていく過程であり，他者のことばを取り入れ，子どもの主体的なことばとなる「自己化」が見られると考えられる（小山，2018b）。自己化の発達には，外界との関係の進展が重要で，主体性が関係している。他者や物への志向性と子どものそれへの能動的な関わりは，発達的には，この自己化と主体性の発達が関係しているといえよう。物の操作は，対象の特性から離れて主体の行為の結果となる。対象の特性だけではなく，現象を主体は生産する。重いASDをもつ事例と対物

関係との関連を筆者は以前に指摘した（Koyama, 2012）。現象を主体が生産していくことと自らのことばとして発語することとは関連があるだろう。エコラリアは，まさに主体性の発達と関係しているといえよう。また，他者のことばの自己化は，主たる養育者を中心とする他者への「基本的信頼感」（sense of basic trust）をもとに進展してくるものと考えられる。

　ここでの「基本的信頼」ということばは，エリクソンら（Erikson & Erikson, 1998）から援用している。エリクソンの発達理論は，フロイトの心理性的発達の理論に生涯発達の次元を加えたものとして，発達の理論を紹介した書では取り上げられることが多い（Miller, 2016）。エリクソンの理論もピアジェ同様，後の段階は前の段階を含むというものである（Miller, 2016）。基本的信頼は，エリクソンの生涯発達論では（Erikson & Erikson, 1998），乳児期に達成されなければならないものであり，現代の子育てを考えるうえにおいても重要な観点である。乳児は，生まれて間もないころから，自分の要求とか不快な状況を，泣いたりむずかったりして表現する。周囲の大人がそれに丁寧に応じていく過程で，人に対しての信頼感が生じてくるとエリクソン（Erikson & Erikson, 1998）は述べている。泣けば誰かが来て，慰めてくれるとか，授乳してくれるとか，オムツを替えてくれる。そういった生理的な欲求に根ざしたものに，生活をともにする人が「応答的」に答えてくれることによって，人に対しての信頼感，基本的な信頼感を形成していく。筆者は，人に対しての基本的信頼感が発達早期からもてるような関係性での，「子どもにとっての意味あるもの」の形成（対人的表象）と，その共有化の大切さを強調してきた（小山, 2018b）。エコラリアも，そのような対人的表象の発達とともに主体的なことばに変化していく（小山・神土, 2004）。

3.8　発達における個人差,連続性・非連続性——ことばの遅れの事例から

　発達においては，「個人差」（individual differences）が見られる。個人差は，発達における速度の問題としても考えられる。また，速度には，第2章で取り

上げた発達における安定性，不安定性が関係しているといえる。

　ピアジェの発達論は第1章でも述べたように段階論としてよく紹介される。段階があるということは，発達は非連続であるとする立場である。しかし，ピアジェの理論は，今の段階は前の段階をふまえていることから発達の連続性を示している一面があるともいえる。発達における連続性と非連続性については，個人差や発達スタイルの問題と関係づけて考察しなければならない。

　例えば，筆者が専門としている言語発達に関して，特に3歳ぐらいまでの時期には，「個人差」が見られるとして，これまで多くの研究が集積されてきた。後の非定型性との関連においても，初期の言語発達研究における一つの焦点と現在もなっている（Koyama, 2022a）。言語の獲得は発達の諸結果であるので（村井, 1970; 村田, 1977），初期の言語発達における個人差に関しては，ことばの出現が見られるまでの前言語期からの連続性が指摘されている（Koyama, 2022a）。したがって，その様相を捉えるには，どのような変数を取り上げ，着目するかが課題となる（小山, 2018c）。

　初期の言語発達に見られる個人差に関しては，ことば出現以前の身振り（gesture）や運動発達などの「前言語期」（pre-linguistic period）からの連続性と非連続性が考えられてきた（Alcock & Connor, 2021; Koyama, 2022a）。例えば，表出言語出現を予測する前言語期の伝達行為として「指さし」（pointing behavior）がある。これまで，表出言語獲得との関連では，指さしの身振りと指さされる対象との間に「意味するもの」と「意味されるもの」との関係があり，指さしには象徴機能の発達が関係しているので，指さし行動の出現は表出言語の獲得を予測するとして，乳幼児健診における診断的項目としても臨床場面で用いられてきた。

　知的発達症（知的能力障がい）をもつ事例を対象とした筆者の研究結果では，物への関わりにおける視覚的探索や物と物との関係づけとともに，初期の表出語彙の増加が見られた（小山, 2020a）。サミュエルソンも，定型発達の子どもの急速な表出語彙獲得において，物への視覚的探索に注目し，新奇性の探索，対象の特徴が関わる情景の表象（scene representation）において，空間的ワーキングメモリが，語と対象とのマッピングに関係していることを指摘している（Samuelson, 2021）。知的発達症をもつ子どもの前言語期から初語出現期

においては，指さし行動が見られない事例がある。非定型性や発達の非連続性
が見られるその要因の一つに対物行動の発達との関連が考えられるが，その資
料は乏しい。筆者は，子どもの対物操作場面の観察結果から，指さし行動の獲
得に関連する要因を検討した（小山 2023b）。

　研究協力者は，児童発達支援センターに通所している生活年齢 3 歳から 6 歳
の知的発達症をもつ子ども 12 例とその養育者である。原則として 6 か月間隔
で，子どもの保育室においてこちらが用意した 15 種類の物（玩具）によって，
子どもと筆者の 1 対 1 での遊びを原則として 30 分行い（小山，2020a），その
場面を VTR に収めた。また，養育者には「日本語マッカーサー乳幼児言語発
達質問紙」（CDI）（小椋・綿巻，2004；綿巻・小椋，2004）を記入してもらっ
た。自閉スペクトラム症をもつ事例以外の前言語期から初語期にある 4 例につ
いて VTR を再生し，対物行動，物への行為を検討した結果，他者の行為の取
り入れ，物の慣用的操作は 4 例とも観察された。2 例は物への行為のレパート
リーが少なく，他の 2 例は物の特性への対象志向的な人さし指による探索的行
動が未出現であった。これらの結果から指さし行動の出現には，物に関わる過
程での手指操作の広がりと新奇性の探索が関連していると考えられた。物の新
奇性の探索は，サミュエルソンも表出語彙獲得の基礎となる認知過程として注
目しており（Samuelson, 2021），知的発達症をもつ事例の指さしの出現と表出
言語獲得との「連続性」として，物の新奇性探索が考えられた（小山，
2023b）。

　物との関係でいうと，物の新奇性の探索から物の特徴を学習し，白いゆりと
牛乳，そしてウェディングドレスがあればそこから共通の白さを抽象して
（Saxton, 2017）抽象的な概念につなげるという「抽象化」（abstraction）が注
目される。子どもは早期から抽象化を行っているとサクストンは述べている。
物での遊びにはこの抽象化が関係し，それは，言語発達と関連している（Sax-
ton, 2017）。表出語彙獲得に関連すると考えられる認知発達における発達の連
続性の観点からの検討は，発達障がいをもつ事例の表出語彙獲得支援において
重要であると考える。

3.9　発達過程に見られるスタイル

　ゼーレンは，発達における「パターン」に注目し，発達は課題の要求に合う行動のパターンの集合であり，行動はある一定の時期に安定していると述べている（Thelen, 2005）。「パターン」は発達検査結果のプロフィールや発達輪郭表について検討する際に用いられることが多い。パターンは「スタイル」（styles）を形成するもので，問題解決場面などの実際の行動に言及する場合に多く用いられると考えられる。ルイスは，「意識」につながるものとして生得的なアクションパターンに注目する。そのパターンは，日常の文脈において子どもが有能になっていき，有能さを意識できるようになり，定型発達における自己認識（self-recoginition）につながるものだと説明している（Lewis, 2021）。また，ウィザリントンは，パターンによる説明として，パターンというのは説明的で，現象を見るための秩序と意味のレンズであると述べている（Witherington, 2021）。

　例えば，ある言語において区別される音である音韻の発達の点から，デイビスらは，知覚，認知，産出の重なり（図 3-3）は，知識構造の獲得に関わる身体能力を示し，音韻体系の基礎を形成すると述べている。それぞれがパターン形成のための全体的な機能に依存し，パターン形成は，共同注意，意図の読み取り，および，話し手と聞き手との交代である養育者とのターンテイクの発達や，乳児期初期の外的なコンテクストによって調整および洗練される（それは認知プロセス）。洗練されたパターンは産出に影響すると述べている（Davis

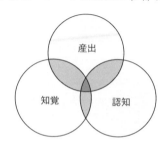

図 3-3　知識構造の獲得に関わる身体能力
（出所）Davis et al.（2014）p. 46; Koyama（2014a）p. 141 より著者作成

& Bedore, 2013）。

　個人差を論じる際にはパターンやスタイルということばがよく使われるが，初期の言語発達過程に見られる個人差について，'referential style'（わが国では「指示型」と訳されてきた）と'expressive style'（「表現型」）に注目し，「スタイル」ということばを用いたのはネルソンである（Nelson, 1973）。ショアー（1995）は，言語獲得の共通の経路に沿っているが，異なる進展を示し，ある子どもが他の子どもと異なる点に注目し，言語獲得過程に見られる個人差の説明において「スタイル」ということばを用いている。

　ショアー（1995）は，初期の言語発達において，スタイルは行動が一般化されたパターンで，一定の期間持続するものであると述べている。スタイルによって個人差が生じ，パターンやある時期に見られる個人差はまたスタイルを形成する要因となるといえよう。発達検査結果などでプロフィールのパターンなどという場合には，スタイルとパターンの両者が含まれているといえる。

　初期言語発達研究における個人差の研究において，ネルソンの研究（Nelson, 1973）以降，初期言語獲得過程に見られる個人差研究が発展する。また，2語発話期においては，独立した意味はもたず，文法的な関係を示す語である。機能語（function words）を省き，名詞，動詞，形容詞などの実質語ともいわれる内容語（contents words）を結びつける電文体や，軸語（pivot-word）と開放語（open-words）を結合して語連鎖を構成するピボット‐オープン型を志向する子どもが見られ，注目されてきた（Shore, 1995; McCune, 2008）。この2語発話期に見られるスタイルは，1語発話期の語彙獲得のパターンやスタイルとの関連で形成されていると考えられる。

　初期の言語獲得に関してこのようなスタイルがなぜ生じるかについては，発達を考えるうえで興味深い。これまで，その点については，認知スタイルとの関連性（ex. 全体的と分析的）や，十分には検討されていないが気質との関連性（Shore, 1995），社会経済的状態（SES: Socio Economic Statas），そして，前言語期からの関連性が考えられている（Shore, 1995; Koyama, 2022a）。

　認知スタイルに関して，多鹿（2018）は，認知スタイルは知能と直接関係するものではないと指摘し，「個人のとる比較的一貫した課題解決様式あるいは情報処理様式といってよい」と述べている（多鹿・上渕・堀田・津田，2018，

140 頁）。初期言語獲得過程に見られるスタイルに関して，ショアーも，言語を獲得していく方法として説明している（Shore, 1995）。認知スタイルについては，「認知の好み」も含まれる広い概念であると多鹿（2018）は述べている。「認知の好み」も含まれると考えると，発達スタイルも，発達における方向性と安定性に関係しているといえよう。

　スタイルという場合に「発達パターン」ということもある。行動パターンにスタイルを見て，その安定性や不安定性を見ていくことも子どもの発達理解につながる個人差の検討においては重要であろう（小山, 2022c）。さらに，自閉スペクトラム症をもつ事例で認知の障がいとして考えられている弱い全体的統合について，フリスは，認知スタイルであり，定型発達においても見られ，また，その強弱に広い分布があると述べている（Frith, 2003）。ある時期に見られるスタイルには，定型性と非定型性が絡んでいるといえる。

　初期言語獲得過程に見られる個人差の研究は，ことばの獲得が遅れている事例の見立てやそれに基づく支援につながることに加えて，言語獲得過程解明への糸口をもたらす。チョムスキーは，現実の多様性のなかに見られる言語の普遍性について説明し，言語の起源を追究し，ヒトに固有の共通の特性を明らかにしようとした（Chomsky, 1965）。チョムスキーの指摘は重要で，佐藤（2023）は，「多様性の賛美がかえって格差を温存しているのではないか」と問題提起している（佐藤, 2023, 124 頁）。佐藤はレヴィ゠ストロース（2019）を引用し，レヴィ゠ストロースは，「『遅れている/進んでいる』という単線的な発展概念をもち込んで一つの発展モデルに回収してしまうことを『見せかけの多様性』として批判した」と述べている（佐藤, 2023, 125-126 頁）。

　チョムスキーの言語獲得理論においても，現実の言語の多様性は見かけのもので，「人間という種に固有の特性であり，全ての人間に共有」されている（Chomsky, 1965, 邦訳書 8 頁）。ヒトに共通の「ミニマム」な点を追求することは，言語獲得過程に見られる多様性の理解にもつながるといえよう（Chomsky, 1965）。初期の言語獲得過程に見られる個人差・発達スタイルの研究は，チョムスキーの説明に対してのアンチテーゼでもあるとまでショアーは述べているが（Shore, 1995），初期の言語獲得過程に見られる多様性のなかにある共通性とそのメカニズムを解明することにその研究の目的があると筆者は

考えてきた。多様性のなかに新たな共通性を見出していくことも必要である。特に個々の子どもに見られる認知能力における多様性が，「他者との共同性」のなかでの心の理論の発達や複雑な言語の獲得といかに関連しているかを明らかにしていくことは，言語発達における個人差の問題を考えるうえにおいても重要である。

　初期の言語獲得過程に見られる個人差についての検討のなかで，後の言語発達障がいとの関連が指摘されている，レイトトーカーについても明らかになってきている（Koyama, 2022a）。初期のことばの遅れに関しては，先にふれたように，レイトトーカーの子どものなかに，就学前期に他の子どもに追いつく例もあるが，引き続き言語発達の諸側面に困難さが見られる「発達性言語障害」（Developmental Language Disorder: DLD, 以前の特異的言語発達障害）の事例もあり，'delay or deficit'（「遅れか障がいかの問題」）とともに個人差の問題が関係している。また，後の何らかの障がいにつながるという（非定型性が生じるという）点では発達の非連続性とも関連する。レイトトーカーの子どもに関しては，初期の言語獲得過程に見られる発達スタイルからの観点に加えて，初期のことばの遅れに関わる非定型性の発達の連続性といった点からの検討が必要である。どの時点で発達的軌跡が変わるのか，非連続性に着目することによって，非定型性を明らかにすることができよう。その際，個人内での発達の安定性と不安定性といった観点からの検討も必要であろう。

3.10　パターンとスタイル，強みとの関連

　定型発達の子どもの1語発話期において見られる表出語彙の急増は「ボキャブラリー・スパート」（vocabulary spurt）と呼ばれる。ゴールドフィールドら（Goldfield & Reznick, 1990）の研究においては，1語発話期の後半のボキャブラリースパートが見られた子どもと見られなかった子どもがあり，語彙獲得の方略がそもそも異なるのではないか，と述べている。

　ゴールドフィールドらが指摘するように，語彙学習の方略はパターンやスタ

イルを生み，それは子どもによって違うとするならば，その基盤がどこにあるのかを探っていかなければならない。個人差の研究の意義はそこにあるといってよいだろう。言語学習初期においては，話しことばの知覚における音のつながりから確率を計算して学習を進める「統計的学習能力」（statistical learning）など，子どもの前言語期における経験が関わっているのかもしれない（McShane, 1980; Koyama, 2022a）。当然，そこには，家庭の所得や養育者の教育歴などといったSESの問題も関連している（小山，2018b）。

　また，初期の言語発達には，さまざまな発達が絡んでいると考えられ，言語獲得初期に見られる個人差に関してその複雑な発達のダイナミクスを明らかにしていくことが，初期言語学習過程の解明にもつながる。その点においても，時間的経過のなかで構成要素の相互作用を解明していくダイナミック・システムズ・アプローチは有効であろう（小山，2018c）。子どもの発達のプロセスである発達的軌跡を押さえ，形成される個人差・発達スタイルに目を向けていくことは「子ども理解」につながるといえる。筆者は，発達スタイルに注目することは，単なる類型化の理解ではなく，子ども理解につながることを指摘してきた。

　「パターン」ということばは，スタイルを表現することばとして用いられることもある。バロン–コーエンは，自閉スペクトラム症をもつ事例の認知スタイルと「強み」（strength）に関連して，「予測可能な規則や法則を探すことに優れた能力を示す」人を「パターン・シーカー」（Pattern Seekers）と命名している（Baron-Cohen, 2020, 邦訳書19頁）。非定型性に関しては，その事例がもつ「強み」を含めて検討していかねばならない。バロン–コーエンによると，ヒトの心は物事をシステムとして観察する。パターン・シーカーはその名のとおり，外界におけるパターンを探すことに「強み」をもつ人で，パターンを繰り返すことにより，システム化が進むとしている。パターン・シーカーは偉大な発明をうみだす可能性があり，それはパターンを繰り返すことによるものであると，バロン–コーエンは述べている。

　バロン–コーエンによると，システム化のメカニズムは，4段階からなる。第1段階は，「質問をする」段階である。第2段階は，'if-and-then' で質問に対して答える段階であり，第3段階は，'if-and-then' パターンをループの中

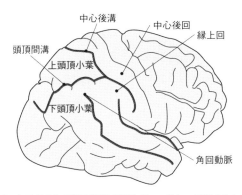

図 3-4　システム化の脳内基盤（出所）Baron-Cohen, 2020 をもとに作成

で繰り返し，パターンが検証される段階である。第 4 段階では，「あるパター
ンを発見したとき，このパターンに修正を加え，ループのなかでの検証を繰り
返す」（Baron-Cohen, 2020, 邦訳書 29 頁）。バロン-コーエンは，全ての人は脳
にシステム化メカニズムをもっていると指摘し，脳内基盤を図 3-4 のように考
え，例えば，「頭頂間溝は，数学的・機械的推論時に活性化される」と述べて
いる（Baron-Cohen, 2020, 邦訳書 56 頁）。

　行動面での発達スタイルに着目し，発達的軌跡のなかで「パターン」につい
て評価することは，「複雑性」を発達的に理解していくことにつながるのでは
ないかと考える。さまざまな発達が絡んで見られるなかから，ヒトの発達理解
が深まる発達的現象に着目し，その発達的軌跡を追っていくことによって示唆
が得られるであろう。

第4章

発達の段階

4.1 段階という概念

発達について論じる際には，「段階」（stage）についてあらためて考察する必要がある。オヴァートンは，新しい行動の出現ということで，「段階」という概念は重要であると述べている（Overton, 2021）。ピアジェはいうまでもなく，人間の発達をトータルに捉えようとしたフロイト（1915, 1923），ヴィゴッキー（1986），エリクソンら（1998），ハヴィーガースト（1948）などの発達理論家は，「段階」を示している（村井, 1980; Butterworth & Harris, 1994）。園原（1961）の指摘を踏まえると，それぞれの理論家の区分については年齢示標において共通点が見られ，「発達段階論の問題は，この実証性の証明も含めて発達構造の解明にある」と村井は述べている（村井，1980, 83 頁）。ピアジェとインヘルダーも「各段階は一つの全体的構造で特徴づけられ，そのおもな特殊的反応は，その構造に従って解明することができる」と述べている（Piaget & Inhelder, 1966, 邦訳書 154 頁）。

発達は時間的経過の過程で見られるので，例えば運動発達のように，シークエンス（発達の順序性）として捉えられる側面がある。それはヒトという種に予めプログラムされているものが進展していく側面を示唆しているともいえる。また，人の発達的変化は段階的に捉えるほうがわかりやすく，発達段階論に則った発達支援も考えやすい。

しかし，発達支援をめぐっては，「前の段階を踏んで今がある」という段階

表 4-1　ピアジェの認識の発達段階
(出所) Piaget（1970）より著者作成

感覚運動的段階	0-2 歳※
前操作的思考の第一小段階	2-4 歳: 前概念的
前操作的思考の第二小段階	5-6 歳
具体的操作の第一小段階	7-8 歳
具体的操作の第二小段階	9-10 歳
形式的操作	11 歳・12 歳以降

※：年齢は大体の目安である

論の立場に立つなら，いかにプロセスを踏んで発達が進展してきているかを見ていくこと，発達的軌跡をふまえて検討を進めていくことが重要である。そして，微視的にダイナミックな発達の様相を見る動向のなかで，発達の段階についての検討も興味深いテーマになってきている。

　これまでの発達段階説に立つ理論には，村井（1980）の指摘にあるように，生活年齢からの段階の区切りに共通点が見られるが，それぞれの理論家が着目した点は異なる。フロイトの場合は，性的な欲動である「リビドー」(libido) とそれが向けられる対象との関係であり，社会との関係に注目したヴィゴツキーの場合は，個人と社会との関係であるといえる。ピアジェ（Piaget, 1970）の発達段階は，認識・思考の体制化に焦点を当てている。表 4-1 はピアジェの認識の発達段階を示したものである。ピアジェやフロイトの理論は，人間の発達を包括的に捉えるものとして紹介され，発達心理学においては「グランドセオリー」とも呼ばれてきた（Butterworth & Harris, 1994）。グランドセオリーには，それぞれの理論家が人間発達において価値をおく点が段階として示されているのである。

　バターワースらは，発達段階の概念についてフラベル（Flavell, 1985）の段階についての基準を引用し，以下のように述べている（Butterworth & Harris, 1994，邦訳書 34-35 頁）。

1. 段階は質的な変化によって区分される。
2. ある段階からまた別の段階への移行は，子どもの行動の他の側面につ

いての同時に見られる多くの変化によって示される。

　3．段階の移行は一般的に急速である。

　バターワースらは青年期の急激な成長を例に挙げ，急速な再体制化が他の発達領域においても見られると述べている。

　また，発達段階について，バターワースらは，「しばしば心理学者は，段階の考え方を，単なる行動の系列性や継起性の記述としてあいまいに使用し，構成するプロセスにおける質的な再体制化を段階ということばが意味していることを考えていないことが多い」と指摘している（Butterworth & Harris, 1994, 邦訳書 34-35 頁）。また，フィシャーらも，発達の段階や水準について述べることは誤った理解につながることを指摘している（Fischer, Pipp, & Bullock, 1984）。私たちが「段階」という場合には，以前の段階を含みながらも子どもの側の体制化に起こる変化（ピアジェの場合は認識の構造における変化）を「段階的変化」として考えてきたといえよう。

　バターワースらの著書の翻訳がほぼ完成したとき，訳書のあとがきにも書かせていただいたが，著者の恩師である村井潤一先生は「段階論のところはこの本は弱いな」と話されていた（Butterworth & Harris, 1994, 邦訳書 340 頁）。村井（1995）は，発達段階は特定の観点から捉え，そのなかでのいくつかの一定の特徴があるとするものであると述べている。また，当時，村井（1995）は，

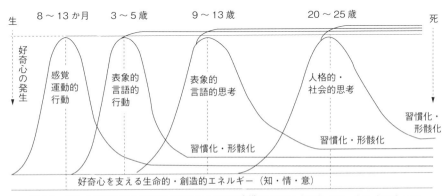

図 4-1　知ならびに好奇心の発達と習慣化：4 つの水準について（出所）村井・小山（1995）p. 18

47

図4-1に示すような4つの水準を考え，時間的経過の過程では「習慣化」「形骸化」をなかに含みながら発達することを指摘した（村井・小山，1995）。村井の「習慣化」「形骸化」には，その時期，その時期の充実という点が含まれている。

4.2　質的変化と量的変化

　先にもふれたように，発達心理学において「発達段階」という場合，発達に質的な変化が見られることを示す。また，バターワースらが述べているように，急速な変化や同時に多くの領域で変化が見られることに対して，「発達段階」ということばを用いてきたように思える。

　一方，発達に見られる段階的な変化を追っていく場合には，漸進的，緩やか，そしてスローな様相についても見ていかねばならない（Miller, 2016）。スローな様相のなかに村井（1995）のいう「習慣化」が含まれているといえる。「習慣化」は個人内での「安定性」や「価値の設定」とも関連していると考えられる。

　発達は質的変化（qualitative change）と量的変化（quantitative change）とを問題にする。ミラー（2016）は質的変化について次のように述べている。質的変化は，「以前の要素に還元できない新たな変化や特性の出現である。質的変化は，構造や体制化において新たに出現する変化や現象に関わる」（Miller, 2016, 18頁）。段階という場合には，それは構造や体制化における新たな変化である。量的変化に対してミラーは，「量や頻度，程度において緩やかな」変化であると述べている（Miller, 2016, 18頁）。量的変化においては，行動は効果的でまた一貫性をもつとミラーは指摘している。量的変化も質的変化と同じく速度に関係しているといえよう。

　ミラーは質点変化が段階説に通じると述べているが，段階論は厳密にいえば，量的発達と質的変化の関連性を検討しながら，質的変化を問題にしなければならない。そのような意味でピアジェの段階は，「前の段階をふまえて，今の段

階がある」ので，量的変化があって質的変化につながることを示唆している。発達段階論では量的発達があって質的発達があると考えられることが多いが，量的発達と質的変化の関連を検討しながら質的変化を問題にすることが「複雑な発達的軌跡の検討」といえる。そこでは，変化の速度や方向性に着目することも重要となってくる（Miller, 2016）。

また，障がいをもつ子どものなかには，量的な発達が見られても，社会・文化のなかで価値がおかれている質的発達に変化が見られないこともあり，必ずしも量的発達が質的発達につながるとはいえないのではないかと思われる。その場合，量的発達はその行為の頻度などで測られる場合が多く，環境・状況に左右されることも押さえておく必要がある。安定性・不安定性の観点も重要になってくる。

さらに第3章で述べたように，自閉スペクトラム症をもつ事例において注目されてきた全体的統合や心の理論，実行機能の関連性についても，定型発達においてはいずれも4歳過ぎ頃から著しい発達が見られる。注目される発達がある時期に時間的に対応して見られるという事実から「発達段階」という見方が重視されるのである。第9章でも取り上げる連続・非連続性の問題とも関係するが，「発達段階」といわれるものは「多様化から統合」（体制化ともいえる）のプロセスを示していると考えられる。そして，障がいをもつ子どもの発達支援では，安定性や不安定性，それをふまえた個人差や多様性を捉えることができる発達段階論の展開が必要とされている。

村井（1972）は質的発達を論じる際に，「単に行動が同じであるからといって，同一水準で問題を考えるのではなく，そこの水準の違い，すなわち発達的意味の差異を問題にしていくのが質的変化を重視する立場であろう」と述べている（村井，1972, 10頁）。そして，村井（1972）は，発達のなかに「行動の適応的意味の変化」や「適応体制そのものの変化」があり，質的発達を論じる際にその点を明らかにしていくことの重要性を示唆している（村井，1972, 11頁）。ピアジェの理論はその点が非常にスマートに描かれているといえるが，段階的進展は何によってなされていくかの検討を要する。その点に関して，ピアジェは，「発生」ということを指摘している。ピアジェの理論は，これまでの諸発達が関連し，新たな側面が生じてくることを示している。例えば，社会

化の発達に関係して，具体的操作期に親や周囲の大人などの優位者に対する
「尊敬」から「義務感」が生じることを指摘している。これまでの社会的関係
が新たな感情を創発させるのである。ピアジェらは，具体的操作段階について
以下のようにまとめている。

> この長期にわたる具体的操作の準備と構成の時期を通じて印象的なこと
> は，認知的・遊戯的・情意的・社会的ならびに道徳的な諸反応を一つの全
> 体において関係づける（各下位時期の）機能的統一性である（Piaget &
> Inhelder, 1966, 邦訳書 129-130 頁）。

ピアジェらの「機能的統一性」ということばに，具体的操作段階が再体制化
の時期であることが示されている。

4.3　領域の固有化と発達段階

　障がいをもつ子どもの発達において，非定型性と関連した「モジュール性」
や領域の固有化が，神経構成主義の立場から近年あらためて注目されている
（Farran, 2021）。領域の固有化を段階論のなかでどのように位置づけるかと
いった点も，発達の段階的変化を考えるうえで重要である。心の理論の発達の
説明では，経験や知覚，信念，欲望，そして行動が互いに関連することによっ
て，人の行動の予測や説明が可能となる。それについては，理論的で科学的な
発見と仮説検証とが同様に進展する Theory-Theory と呼ばれている。このこ
とも概念がより大きなシステムを形成することを指摘している。
　ピアジェは認識の発達に関して，段階的変化を示す。ピアジェの発達論は全
体的な構造変化が起こる「領域普遍」（domain general）である。ピアジェの
発達論では，認識の段階的変化に伴って言語や遊びにも質的変化が見られる。
また，認識の発達と情意的側面の発達の間に並行性があることを指摘している
（Piaget & Inhelder, 1966）。

カーミロフ-スミスは，領域固有の能力をピアジェは認めていないとも述べている（Karmiloff-Smith, 1992）。そして，カーミロフ-スミスの理論は，発達の領域固有の側面に注目しながら，「領域関連論」（domain relevant）へと発展する（Karmiloff-Smith, 2012）。障がいをもつ事例においては，ある領域での突出した能力や，他の領域に比してなかなか進展が見られない領域があることなどがわかっている。領域固有性，領域関連性，そして領域普遍のシークエンスや連関性をふまえて，「発達段階」について論じることが必要であろう。

ピアジェ理論においては段階論は重要であり，発達は決められた終点へのシークエンスにあるのではないと，発達段階について考察しているブームは述べている（Boom, 2009）。また，ブームは，段階構成の経験的・方法論的立場から，ピアジェやその他の枠組みのなかで段階について厳密なテストとその検討を行い，「段階理論の経験的な帰結の必要性」を指摘している（Boom, 2009, 2021）。

発達を段階的に捉えるということは，ある領域での発達は時間をかけながら進み，発達には時間を要することを示唆している。ハリスらは，道徳性の発達は，認知発達と強く結びつき，認知発達の段階を反映していることを指摘している（Harris & Westermann, 2015）。

ある領域と他の領域に見られる変化の関連性を検討するうえで，段階という観点は有効であろう。しかし，これまでの段階論では安定性と不安定性，そして連続性，非連続性と関連する非定型性について，「躓き」や「障がい」として表現されることがあった。段階的変化を検討するためには，それらの点についての検討が必要であろう。

4.4 発達段階と発達期待

ハヴィーガースト（1948）の発達段階では，各段階における「発達課題」（developmental task）が示されている。発達課題とは，「個人の人生の特定の期間またはその前後に発生する課題で，その達成が成功すると彼の幸福と後の

課題での成功につながり，失敗すると個人の不幸，社会による不承認および後の課題達成の困難さにつながる」とハヴィーガーストは述べている（Havighurst, 1948）。高齢期には，肉体的な力と健康の衰退に適応すること，隠退と収入の減少に適応すること，配偶者の死に適応すること，自分の年頃の人々と明るい親密な関係を結ぶこと，社会的・市民的義務を引き受けること，肉体的な生活を満足に送れるように準備することなどの課題が生じる。発達課題は社会の変化とともに，社会的要請によって変化していくものであるが，高齢期の発達を考えるうえで，ハヴィーガースト（1948）の発達段階はよく引用される。

　発達課題は，われわれの文化のなかで価値がおかれる「タテの発達」とも関連し，養育者や周囲の大人の「発達期待」が関係している。発達期待は，育児ストレスや親の養育態度，子どもの価値観，人間観にも影響を与えていることを，これまでの発達期待に関する研究は示唆している。意識的・無意識的な発達期待に対応する適応によって，多様性が生じてくるといえる。そのため，グッドハードは，知的能力と分析能力を重視して過大評価し価値をおいてきたことや，「単一の価値を押しつけるような集団性」への批判をふまえて，今日では多様な能力に対応する教育が求められていると指摘している（Goodhart, 2021, 124 頁）。

　前田ら（2012）は，中学生を対象として，「キャリア意識尺度」と「中学生が認知する親の発達期待尺度」を用いた研究を行い，キャリア意識の高い生徒ほど，学校生活の適応感や親の発達期待が高いという報告をしている。周囲の人の発達期待について考えることは，現実に見られる多様性の理解につながるともいえる。私たちにある発達課題との関係で発達段階を見ていくことがこれから必要となってくるであろう。

　乳幼児期で大切なことは何か，学齢期では何か，今日の文化変化のなかで私たちが価値をおく点やそこから生じる私たちの発達期待について再考していかねばならないことを，ハヴィーガースト（1948）の発達段階を改めて見ると考えさせられるのである。

第 5 章

ダイナミック・システムズ理論

5.1 構成要素の発達のタイミング

近年の発達理論においては，発達のダイナミクスや複雑性を動的・微視的に捉えようとしている。微視的に発達のダイナミクスを検討する際に，ダイナミック・システムズ・アプローチは有効な方法の一つといえよう（小山，2018c; Koyama, 2022）。そのため，ダイナミック・システムズ・アプローチは「発達のメタ理論」であるともいわれる。また，ダイナミック・システムズ・アプローチは，出生後の環境との相互交渉を検討しており，発達心理学における古くて新しいテーマである 'nature-nurture'（氏か育ちか）の問題に関して，その発達的軌跡を明らかにしていく糸口を与えてくれると考えられる。

ガートンは，ダイナミックシステムズ理論は非常に重要であるとし，それは，「全体として発達する子どもの物理的・社会的・認知的プロセスの統合を強調している」と述べている（Garton, 2004, 邦訳書 47 頁）。また，ミラー（Miller, 2016）は，複雑でダイナミックな変化をいかに理論化できるかといった問題を提示している。ウォディントンのエピジェネティク・ランドスケープのモデルも，発達しつつある子どもと環境との相互作用と，子どものなかでの諸能力の発達のタイミングの重要性を示している。神経発達症に見られる非定型性に関してもタイミングの問題が注目されている（Levy, 2021）。岡林（2008）は，心理学では「複雑系」という用語に共通の定義が存在しないことを指摘し，複雑系ということばを使わないで，「その趣旨を端的に表すために」（岡林，

2008），そのアプローチをダイナミック・システムズ・アプローチと呼んでいるとも述べている（岡林，2009）。

　ダイナミック・システムズ・アプローチは，わが国では，村井（1970, 2002）が「発達における機能連関性」として追究してきた点と通じるものである。ミラーは，ダイナミックシステムズ理論は，複雑性，自己体制化，そしてシステムとしての全体性における時間の流れのなかでの変化を記述するものであると，発達の理論のなかで述べている（Miller, 2016）。そのようなことからダイナミック・システムズ・アプローチには発達的変化におけるタイミングの問題も検討できる可能性がある。

　ダイナミックシステムズ理論は，物理学や数学における複雑なシステムについての作業から生まれてきたものである（Miller, 2016）。環境変化，人口変動，技術革新などの分野の専門家であるシュミルは，気候変動・温暖化について，システムとして捉え，「複雑なシステムでは，たった一つのことが決定的な役割を果たすことがないのです」と述べている（Smil, 2021, 90 頁）。アウトカムではなく，プロセスに目を向けていくことで複雑性を追求していけることをシュミルのことばは示唆している。

　人の発達においても，初期の小さな差が後の大きな変化をもたらす場合もあり，また，緩やかな量的変化がシステムとしての変化や質的に異なる新たな行動の出現につながるとミラーは述べている（Miller, 2016）。ダイナミック・システムズ・アプローチは，「微視的方法」ともいえ，変化を検討するには重要な方法である。また，岡林（2008）は，そのシステムを定義する変数を利用するだけでなく，全体としてのシステムの動きを空間的にマッピングすることによって説明しようとする。これは「状態空間」（state space）と呼ばれ，「そのシステムが時間の経過とともにとりうる全ての状態を軌道ともに図式化（マップ化）することができる」と岡林は述べている（岡林，2008, 4-5 頁）。

　ダイナミックシステムズ理論は発達心理学においては，本書でもこれまで見てきたように，ダイナミック・システムズ・アプローチとして進展し（Thelen & Smith, 1994；岡林，2008），今日の神経構成主義につながっている。ダイナミック・システムズ・アプローチでは，生得的側面よりも，構成要素間の環境的要因も含めた時間的経過のなかでの相互作用や相乗作用によるシステ

ムの移行に注目している。

　ダイナミック・システムズ・アプローチは，実際の観察に基づいて変数を特定し，構成要素間の相互作用を見ることによって，新たなシステムへの移行を問題にできる。本書においてもこれまで述べてきたように，臨床的に発達支援や多様性，個人差を考えるうえにおいて参考になる（小山, 2018c; Koyama, 2022）。ダイナミック・システムズ・アプローチは，異なる時相間の変化の相互作用を時間的経過のなかで検討しようとするものであり，発達の連続性を見ようとするものである。したがって，ダイナミック・システムズ・アプローチにおいては，段階論で重視される「再体制化」は，システムからシステムへの移行とそれぞれのシステムにおいて自己体制化しているということで捉えられている。

　「ダイナミック」ということばには，システムのある時点での状態は先行する状態に依存し，また先の状態の出発点であるという意味が含まれているとゼーレンは述べている（Thelen, 2005）。また，ダイナミック・システムズ・アプローチでは，複雑なシステムはパターンに体制化され，それらのパターンは安定性と柔軟性をもち，その程度は異なるとゼーレンは指摘している（Thelen, 2005）。ダイナミック・システムズ・アプローチの原理は，「複雑性」「時間における変化」「ダイナミックな安定性」である（Thelen, 2005）。変数間の相互作用や相乗作用により，パターンは柔軟性をもち始めると考えられる。そこには，新たな変数の創発も関わっている。

　そして，ダイナミック・システムズ・アプローチでは，あるシステムから新たなシステムへの移行を可能にする最後の変数を「統制パラメーター」（control parameter）という。図5-1はマッキューンによる，初期の表出言語獲得に関連すると考えられる前言語期の諸発達を変数にとって，縦断的に検討したものである。下段3例が生後16か月までに指示的言語の表出が見られなかった子どもで（図中の「早期・指示」は協力者のなかで早い時期に対象指示語が見られたことを示している），対象とした事例のなかではレイトトーカーと考えられる子どもである。これら3例と他の7例との比較から，表出言語の出現へとシステムが移行するための最後の変数（統制パラメーター）は子音の獲得であることが図5-1からわかる。マッキューンは，統制パラメーターについて，

	事例	9	10	11	12	13	14	15	16	指示語
早期・指示	アリス	I, P, PP	OP V^1, CW			G	W			27
	オウリ	I			OP, P	PP G	V, W			12
	リック		I, OP CW			P V	G	PP W		11
遅い・指示	ララ			*	OP, P V		*	PP G, W		8
	ジェイス				I, P	OP V, G		PP W		5
	カリ	OP	I, P	(V^1)	PP	G		W^2		2
	ロニー		OP	I, P CW	PP		V^1	G, W^2		2
前・指示	ナニ	I, OP		CW	PP	G	(W)			1
	ダニー	OP		I		P		G, (W)		0
	ヴィド		OP	I		CW	P	PP G, (W)		0

I：他者の注意をひくための身振りや発声
P：ふり
PP：ふりの結合
OP：物の永続性の確立
CW：言語理解
V：VMS（子音の発達）
G：グラント
W：指示的言語
＊は資料なし

図 5-1　有意味語出現までの諸変数のタイミング（出所）McCune（2008）p. 216, 訳書 p. 306

「ダイナミックシステムにおける予測は，考えられる基礎となるスキルの獲得順序を特定化しない」という。それよりもむしろ，「ある偏向された行動の局面から，ある特定の領域における他の偏向された局面への変化は，段階の移行に必要とされる最後の要素（統制パラメーター）が可能となるときに生じる」と述べている（McCune, 2008, 邦訳書 16 頁）。図 5-1 を見ると，10 例の変数の揃い方は多様で一貫していない。そこから初期言語獲得過程に見られる多様性・個人差がうかがわれる。また中段の事例の変数（構成要素）の揃い方を検討することにより，第 3 章で述べたショアー（1995）が指摘する初期の言語獲得の共通の経路を明らかにすることができよう。しかし，マッキューンらの研究では，変数間の相互作用や相乗作用による新たな変数の創発についてはふれられていないので，その点は今後の課題といえる（小山，2018c）。

5.2　バイアスとアトラクター状態

　マッキューン（2008）の先の記述にある「偏向された局面」は，ダイナミッ

表 5-1　初期の語学習に関連するバイアス（出所）Saxton（2017）p. 168 より著者作成

バイアス	特徴
全体	新しい語は対象の部分や特徴ではなく全体の名称である。
形態	同じ形態である対象は同一の名称をもつ。
相互排他	語は相互に排他的である。それぞれの対象は一つだけのラベルをもつ。
分類	子どもはテーマ（動物とその食べ物，習慣など）よりも分類的カテゴリーにしたがって対象を分ける。
基本レベル	カテゴリーは基本レベルで概念化かつ記憶しやすい（例えば，猫，おしゃべりや哺乳類というよりも）。

ク・システムズ・アプローチでは，アトラクター状態（第 2 章参照）に関係する。また，アトラクター状態は，発達心理学でよく取り上げられる「バイアス」（bias）との関連性が考えられ，その点についての検討は興味深い。バイアスは生得的な制約として考えられており，特にその後のバイアスについて関心がもたれている（Saxton, 2017）。バイアスとアトラクター状態との関連の検討は，発達支援やそのためのアセスメントにおいて有効な観点であると考えられる。

　例えば，初期の表出語彙獲得に関して，サクストン（Saxton, 2017）は表 5-1 に示すようなバイアスを挙げている。新版 K 式発達検査 2020 の項目の配置を見ると，「形の弁別Ⅱ」と「絵の名称Ⅰ・Ⅱ」は同時期のセル（2 歳 3 か月～2 歳 6 か月）に配当されている（新版 K 式発達検査研究会，2020）。このことは，表 5-1 にある形態バイアスと表出語彙獲得との関連性を示唆しているものと考えられる。また，ASD をもつ子どもは，形態バイアスに比して機能的バイアスが強いという報告がある（Field, Allen, & Lewis, 2016）。

　表出語彙の増加は，表 5-1 にあるようなバイアスを乗り越えていくことによって進展していくともいえる。ダイナミック・システムズ・アプローチは，「変化」の過程に焦点を当てており，バイアスを乗り越えるのは，バイアスに頼ることへの安定性から他の発達と関連する新たな様相への移行とも考えられる。その過程にはバイアス間の相互作用も関連している。

　例をあげると，現実には存在しないにもかかわらず，あたかもそのものが存在するように「ふり」をする子どものふり遊びは，象徴機能の発達の現れであ

る。それまでの感覚運動的遊びの世界に，「ごっこ」の世界の始まりとして質的な変化が見られたものといえるであろう。定型発達では，おおむね1歳頃にこのようなふり遊びが見られる。そして，ふり遊びが見られてしばらくは，しきりに一人で自己に向けたふり遊びを子どもは楽しむ。このふり遊びの頻度（量的な増大）がこの時期の発達としてどのような意味をもつのかについては，ふり遊びの研究においても十分に検討されていない。自己に向けたふりは他者にふりを向ける「他者へのふり行為」に進展し，自己に向けたふりは頻度としては減少する。

　ふりが見られる以前の感覚運動期における物での遊びでは，しきりに繰り返す行為が観察される。これは，ピアジェ理論でいうと，物との関係で子どもが興味ある結果を繰り返す「第二次循環反応」，あるいは，そこに子どもが能動的に変化をつける「第三次循環反応」と説明される。一方，保育，療育的には「遊び込む」というような表現が用いられてきたのではないだろうか。すなわち，安定化を図ることである。ある一定の水準での頻度の増加は量的発達（わが国では古くは「ヨコの発達」と呼ばれてきた）と考えられる。しかし，同じ行為の繰り返しのように見える行為は，次の「変化」に次第につながっていることもあると考えられ，量的発達から質的発達への移行の一つの契機になっていることが示唆される。構成要素の量的変化に着目することにより，ダイナミック・システムズ・アプローチでは量的発達から質的発達への移行について検討できる（Miller, 2016）。初期のふり遊びの例では，定型発達では1歳頃に子どもがしきりにふりを行い，その後，自己に向けたふりから他者へのふりへの移行期が訪れ，新たな他者理解の要素が創発してくるとも考えられる。

　また，ブルックスら（Brooks & Kempe, 2012）は，身体動作が伴う乳児の発声は，音節の長さなどに注目するとより話しことば様になっていくことを指摘する。リズミカルに手を打ちつける行為の実践は感覚運動的な協応が，知覚と行為のフィードバックのループを形成することにつながっているとする。発達初期の量的発達には，次の行為につながる連関性が見られるといえよう。

　ピアジェは，精神発達のある段階は，「身体発達の諸段階に先立たれているから，発生を無限にさかのぼれるといわなければならない」と述べている（Piaget, 1970）。そして，「無限の構成の存在」を思い出すことの重要性を強調

している。新たな行為，行動の出現と，その行為の出現に至るまでの発達的軌跡を検討していくことが発達支援においては大切であろう。

5.3 発達における時間

発達は時間的経過のもとでなされていく。それは次のフェーズへの移行に向けた基盤作りに要している時間であるともいえよう。発達と時間の問題は，臨床的には，時間的経過のなかで構成要素の相互作用・相乗作用に目を向けていくことになる。また，そこには，大きく見ると，「生活年齢の重み」といった点が深く関連してくる（Levy, 2021）。ミューラーらは，ピアジェ理論では年齢的な出来事（chronology）は変化すると指摘し，生活年齢は指標にはなるが，発達的水準の基準ではないことを強調している（Müller, Capendale, & Smith, 2009）。

知的発達症をもつ年長の事例では，発達検査等で測られる認知能力や言語能力には大きな伸びは見られないが，社会生活能力検査で伸びが見られ，認知や言語能力の水準以上の発達状況であるケースによく出会う。そのようなケースに出会うと「生活年齢の重み」について考えさせられる。

生活年齢と発達年齢との関連については古くから発達心理学において注目されてきた（波多野, 1956）。臨床的にいう「生活年齢の重み」では，発達検査などの尺度による評価には現れないが，関わる者から見て「変化」が感じられるようなことがある。それは生活年齢による生活経験と結びつけられて考えられることが多い。ダイナミック・システムズ・アプローチにおける「生活年齢の重み」は，縦断的資料をもとに時間的経過のなかでの構成要素間の相互作用や相乗作用を問題にしていくことと関連するため，相互作用や相乗作用のタイミングの問題として検討でき，それによって，異なる年齢で獲得される同一の能力のその個人のなかでの発達的意味が見えてくるのではないかと考えられる。また，誕生日ごとに1年増えていく「生活年齢の重み」は，量的発達とも関連するが，「経験の重み」とも関係している。「経験の重み」については，それぞ

れの事例において，量的な問題だけでなく，経験の中身，特に子どもの発達に
つながる経験という観点からの検討が必要である。ピアジェは，「経験は，あ
らかじめその条件をなしている体制化の働きによってのみ〈構造化〉される」
と述べている（Piaget, 1968, 邦訳書 67 頁）。ダイナミック・システムズ・アプ
ローチからの多面的な検討によって，「生活年齢の重み」「経験の重み」につい
ての示唆が得られるのではないかと考えられる。

　さらに，ダイナミック・システムズ・アプローチにおいて生活年齢を問題に
するときには，時間的経過の過程でのアトラクター状態や主体の選択性の変化
にも注目すべきであろう。近年の発達研究においては，遺伝子，環境が生活年
齢に感受性が高い点が注目され，年齢，遺伝子，環境の観点から検討され始め
ている。レビィは，環境は，関係するネットワーク形成の時間に一致して，異
なる影響を神経発達に与えると述べている（Levy, 2021）。

　人間の発達においては，内的要因と連関して，めざす価値とその方向性や，
その時期の環境における変化など，さまざまな外的要因によって，「安定性」
と「不安定性」とがもたらされると第 2 章で述べた。その「さまざまな要因」
を明らかにしていくことは，保育教育的に子どもの「豊かな発達」を考えてい
くうえにおいて重要である。ダイナミック・システムズ・アプローチはその点
においても有効であるといえるだろう。

5.4　システム間の関連性

　これまで一つのシステムに変化に注目していたが，人の発達においては，領
域間の関連性をシステムとシステムとの関連性として検討することが可能であ
る。

　スミスは，fMRI などの方法による資料から，青年期の脳の再モデル化をふ
まえて，青年期においては二つのシステムが異なる様相で変化することを指摘
している（Smith, 2016）。一つは，脳の白質における増加と前頭前皮質に関係
した認知的制御（cognitive control）のシステムである。前頭前皮質と情動的

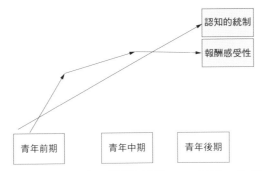

図 5-2　二重システムモデルの概略図 （出所）Smith（2016）p. 27. 著者翻訳

反応に関わる大脳辺縁系のような皮質化領域の結合の増加によって，青年期には計画性と情動のコントロールがより着実に増加する。もう一つのシステムは，社会情動的なシステムで，ホルモンの影響と報酬感の得られやすさを示す「報酬感受性」（reward sensitivity）に関連する。それは，「新奇で多様な刺激への欲求を求め，危険をもいとわないという特性」（渡邊，1998, 28-29 頁）であり，「感覚刺激探求」（sensation seeking）につながるシステムである（Smith, 2016）。スミスは，思春期は情動的衝動と認知的制御の一時的な不均衡で始まると述べている。

　図 5-2 は，2 つのシステムの関連性を示したものであり，スミスは「二重システムモデル」（dual systems model）と呼んでいる（Smith, 2016）。図 5-2 からシステム間のバランスを考えていくことも，発達理解においては重要である。

第**6**章

発達における
可塑性

6.1　可塑性とは

　リナルディは，「今日では，知能を柔軟な概念で捉え，遺伝子の表現レベル，脳，そして認知，行動レベルにおいて環境の影響を受けやすいものだと指摘するエビデンスが集積されている」と述べている（Rinaldi, 2021, 284 頁）。ピアジェの発達論を見ても，感覚運動的段階において生得的な反射的シェマを柔軟に行使して，早期の知覚的経験から認知へと至る。

　村井（1972）は，乳幼児期は，「可塑性」（plasticity）に富む時期であり，可塑性に富むということはプラスにもマイナスにも働くので，早期教育，早期療育について考えることが重要であると指摘している。さらに，障がいをもつ子どもの早期療育は，早期経験の遠隔効果という観点からも検討していかねばならない（村井，1972）。早期の対応にあたっては，可塑性についての基礎的研究が重要になるのである。その点については，今日，あらためてエビデンスが提示されてきている。ベナシチらは早期の神経過程が認知と言語の発達に必要であり，逆にその過程に障がいがあると後の発達のリスクがあると述べている（Benasich & Wolfert, 2021）。

　可塑性について，村井（1972）は，心的な「硬さ」やある種の刺激‐反応関係が成立していく「行動様式の機械化」が見られ，可塑性の増大と機械化の促進の両過程のバランスがうまくいかないときに非定型性が生じると述べている（村井，1972, 25 頁）。村井（1972, 1980）が可塑性との関係で述べている「行

動様式の機械化」は，比較的安定した状態であり，ダイナミック・システムズ・アプローチでのアトラクター状態が関連していると考えられる。また，可塑性とは「刺激の変化に応じて柔軟に自己の反応様式を変化させることができるようになること」であると村井（1980）は述べている（村井，1980，70 頁）。

　「可塑性」は，「遺伝的，環境的多様性にもかかわらず，一定の表現型をもたらす発達的経路の調整過程」（canalization:「運河化」と訳されている）と関係している（Jablonka, 2017, 354 頁）。ジャブロンカは，可塑性は，（運河化の）「コインの反対側であり，異なる環境状況に反応して同じ遺伝子型からの形態，生理，および，行動の変異形態の生成である」と述べている（Jablonka, 2017, 354 頁）。また，ミラーは，「可塑性は，生物が非定型な環境も含めて局所的な状態への適応を可能にするために成功した方略として進化してきたものである」とも述べている（Miller, 2016, 218 頁）。さらに可塑性は，脳，ホルモンシステム，遺伝子の表現の「柔軟性」に言及するものであるとミラーはいう（Miller, 2016）。ミラーの定義から，可塑性は，胎児期から人がいかに環境へ適応していくかといった点に深く関係し，特に早期の発達過程において深く関連しているといえる。

　千住は，発達初期の社会的認知について，「文化的環境，養育者の個人差，療育や介入といった限局された経験など，発達初期の社会的経験は多様であり，それに伴い社会的認知の発達も可塑的，各個人の置かれた環境に適応的に発達すると考えられる」と述べ（千住, 2019, 170 頁），社会的動機づけが可塑性に寄与することを指摘している（千住, 2022）。可塑性は非定型性の理解にも密接に関係し，千住（2022）は自閉スペクトラム症における「神経多様性」（nuerodiversity）との関連を指摘している。

　早期の人からの刺激に対して，子どもの側に可塑性を要することは，村井（1987）がすでに指摘してきたことである。乳児にとって人からの刺激は，同一の人からのものであっても状況によって変化に富むため，子どもにとっては可塑性が要求される。言語発達障がいの機序に関連して，神経系に何らかの非定型性があると可塑的な反応が難しくなる。人とはちがって物は，乳児が自らの感覚運動的シェマで反応すると同じ反応を返してくる。その結果，人への適応よりも物への適応が進み，コミュニケーションやことばの発達に影響すると

考えられる（村井，1987a；小山，2009）。マッキューンは，「多くの哺乳動物で，プレイフルな活動は急速な神経学的な発達の期間に同時に起こること」を指摘している（McCune, 2008, 邦訳書 227-228 頁）。早期における心から楽しいという「プレイフル」な人との関わりは，子どもの行為の可塑性を育む契機となり，後の発達につながるのではないかと考えられる。この点をふまえた早期からの介入については，早期療育において重要な課題であるので，今後，さらに検討を要する。

　可塑性は，ダイナミック・システムズ・アプローチや神経構成主義といった発達理論においては，「創発」との関連性が示唆される。また，可塑性は適応と非常に関連している。「創発」と「適応」，そして「可塑性」についてのさらなる検討はこれからの課題と考えられる。

6.2　青年期以降における可塑性

　発達早期の可塑性についてこれまで見てきたが，八木（2018）は，広い視野と深い思慮分別で物事に対応できる「社会情緒システム」が構築されて大きな変化が起こりうるのが 30 歳頃までであるとし，青年期における脳の可塑性に関して興味深い指摘をしている。青年の脳は，適応性と脆弱性をもち，「脳のさまざまな領域（各領域は固有の働きをもつ）の間でネットワークの構築・変更を繰り返すことによって，環境に応じて変化できる可変性をもつこと，つまり『可塑性』があることが，青年期の脳の発達上，大きな意味をもつ」と述べている（八木，2018, 11 頁）。八木（2018）は，脳の器質的な発達だけでなく，「脳領域間を結ぶネットワークを変更・再編すること」（八木，2018, 11 頁）を，青年期の脳の「可塑性」としている。青年期における「可塑性」は諸刃の剣であり，柔軟であると同時に影響を受けやすいと八木（2018）は述べている。そのための 10 代からの試行錯誤や体験の重要性を八木（2018）は指摘している。

　高嶋らは脳の可塑性について，ダウン症をもつ事例の脳の発達と加齢に関する資料から，知的発達症や早発認知症が見られても，脳には長期の可塑性や代

償機能が見られ，継続的な介入の意義があることを指摘している（高嶋・松藤・高嶋・大矢・岩田，2011）。臨床・実践的には，これまでの療育をふまえて，28歳の重度知的発達症をもつダウン症の事例での認知症予防の観点からの介入による変化の報告がある（山下・五十嵐，2023）。高齢期の認知機能の低下防止においても可塑性は注目され，身体性認知の観点から興味深い検討がなされ始めている（積山ら，2017）。

　村井（1999）は「発達の取り戻し論」として以下のように述べている。

　　　人間は常にそれぞれの段階で，適切な経験が受けられるとは限らない。そして，人間の特徴は，もし適切な経験が得られなかった事実は消えないとしても，後に取り戻すことができるということ。そのことは，過去の経験は変えることができなくとも，その意味を時間的経過のなかで変化させ，現実の生き方に反映させることができるという考えである。この考え方は，発達的にも教育的にも大きな意味をもつ（村井・小山・神土，1999，119頁）。

　内田（2006）も，人における可塑性は非常に大きく，知的，社会的に制限された環境においてもそれを克服していく力は大きいと述べている。そこでは，人との出会いや社会的関わりが重要であることを指摘している。今日の脳科学の研究によっても，青年期の認知や社会的機能の多くの側面に関わる脳の再モデル化が進み（Smith, 2016），内田らの指摘が裏づけられてきた。今後は，他者経験，他者認識の発達，その過程での自我発達の観点から可塑性について検討することが必要である。

6.3　多様性との関連

　ジャブロンカ（2017）の記述にもあるように，可塑性は「一定の表現型をもたらす発達経路の調整である」ということから，まず早期に見られる行動レベ

ルあるいはそれにつながる認知レベルに見られる多様性からも発達経路の調整
について検討でき，さらに，可塑性についても考察できるのではないかと考え
られる。その点に関して，筆者は，方法的には，「神経構成主義の観点から，
現実に観察される行動の変化とその軌跡に注目し，これまでのダイナミック・
システムズ・アプローチとの融合を，経験という観点から図っていくこと」で，
可塑性や非定型発達について明らかにできていくのではないかと指摘した（小
山，2018c, 101 頁）。

　八木（2018）は，青年期の「適応能力」との関連で可塑性に注目し，青年期
への配慮・支援においても重要な観点であることを指摘している。行動レベル
で見られる人の発達における多様性は可塑性とも関連していると考えられ，可
塑性の観点から行動発達を見ていくことや，多様性から可塑性について検討す
ることは，発達理解や発達支援にもつながるものと考えられる。

第7章

認知的柔軟性

7.1　表象的柔軟性と反応的な柔軟性

　近年注目されている「認知的柔軟性」（cognitive flexibility）は，発達の連続性と非連続性を考えるうえでも興味深い。認知的柔軟性とは，子どもの発達過程において注目され，ガートンは，「子どもたちがどの程度，以前の解決経験と切り離して目の前の問題に対処しようとしているのかを記述するために用いられている」と述べている（Garton, 2004, 邦訳書 111 頁）。認知的柔軟性の発達は表象の書き換えによるという説明をカーミロフ-スミスは行っていると，トーマスらは述べている（Thomas & Brady, 2021）。認知的柔軟性の測定には，課題達成のために「柔軟」にシフトしていかねばならないことが注目される。幼児期では，図 7-1 に示すような DCCS（Dimentional Change Card Sorting）（Zelazo, 2006）が用いられてきた。

　ガートンは，認知的柔軟性に関して，子どもの認知能力と子ども同士の協力的行動に注目し，「一つの反応を抑えて新しい反応を見つける能力，すなわち視点を変える能力である」（Garton, 2004, 邦訳書 112 頁）と述べている。また，クローら（2010）は，認知的柔軟性について，「表象的柔軟性」と「反応的な柔軟性」の二つのタイプを挙げている。

　筆者は，西アフリカ，カメルーンの伝統的な狩猟採集生活を送っているバカ（Baka）の集落において育つ幼児の遊びの調査を行った。その際に，子どもたちが日常生活で物を作る過程に「創造性」（creativity）があることとそこに認

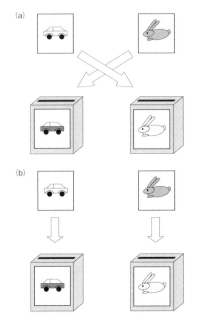

図7-1　DSSC課題の一例（出所）Doherty（2009）p.136, 著者翻訳

(a) カラーゲームでは同じ色のカードに分類され，(b) 形態ゲームでは，形態によって分類される（Doherty, 2009より）。

知的柔軟性が見られることに気づき，表象的な柔軟性について関心をもってきた（Koyama, 2014b）。

　人類学者の寺嶋（2010）は，「狩猟採集生活は基礎的生活様式であり，新人の学習行動の根本的な特性も狩猟採集生活の中で把握する必要がある」（10-11頁）と指摘している。筆者は，2011年に初めて，狩猟採集生活において育つ子どもの学習行動の調査のために，カメルーン共和国東部，ロミエにあるバカ（Baka）の人々の集落を訪問した。当時，バカの集落の人々は伝統的に森の近くで生活し，狩猟採集生活を継続しており，平等主義と協同の生活様態をとっていた。予期せぬ課題に直面したとき，人は包括的な柔軟性を必要とする（Thelen & Smith, 1994）。調査を通して，バカの集落で生活する人々は環境の

変化に適応し，その過程でユニークな認知的柔軟性を育んできたのではないか
と筆者は考えた。

　認知的柔軟性は人の適応と関連する。トマセロ（1999）は，「適応の鍵は，
他者を自己のように意図的な動作主として理解できることである」と指摘して
いる。種にユニークな社会的認知の形態は，生後1年目あたりで創発し，視線
追随や社会的参照，身振りコミュニケーションに関する共同注意が他者との関
わりにおいて始まることにトマセロ（1999）は注目した。トマセロは，それを
「共同注意フレーム」の発達として捉え，生後9か月頃から始まるので，「9か
月革命」と呼んでいる（Tomasello, 1999）。

　このような初期の社会的認知の発達は，ヒトの言語獲得の一つの基礎となっ
ている。また，初期の社会的認知の発達は，他者の心の理解や他者との協同の
学習にも寄与している（Tomasello, 2009）。

　バカの集落で育つ子どもたちは，生活年齢でおおむね3歳以前は，葉や木片，
木の実など彼らが暮らす集落内にある物同士を合わせて削る，土を掘る道具と
して使用するなどに感覚運動的に関わることが多かった。3歳を過ぎてくると，
それらの物を用いて別のものを作る活動が見られ始めた。そして，物を作る行
為の頻度は少ないが，木々の枝や葉，子どもたちが生活するサイト内にある物
を用いて制作する行動が独り遊びのなかで観察された。4歳以降になると，一
つのテーマのもとに子どもたち同士が協同的に遊ぶのに必要な物を作ることが
観察された。それは，わが国でいう家族ゲームごっこ（ままごと遊び）や見立
て遊びのなかで主に見られる。筆者らが調査で訪問した時期は，車やオートバ
イは子どもたちのサイトにはなかった。おそらく当時の子どもたちは憧れとし
て，サイトの側を走る車やオートバイに興味を惹かれ，男児では，車やオート
バイを運転するふりや見立て遊びがよく観察された。そこに，表象に基づいて
材料を用いて物を作っていくという彼らの「創造性」が感じられた。その過程
において，クローらが指摘する表象的な認知的柔軟性が育まれているのではな
いかと考えた（Koyama, 2014b）。

7.2　認知的柔軟性に関わる発達

　表象的な認知的柔軟性に関して，先に述べたバカの集落の子どもを観察していると，4歳頃には，遊びの過程で子どもたちの認知的柔軟性が育まれ，協同的遊びが日常的に楽しまれていることが示唆された（小山, 2015b）。一般に，4歳頃の時期には心の理論や実行機能が発達し，これらの発達は認知的柔軟性の発達に関連していると考えられる。心の理論の発達には他者の意図理解が関わっており，生後間もなくからの他者の心の理解が4歳頃の心の理論の発達につながっている。そこには，表象の発達やその書き換えといった発達の連続性があるといえよう。また，バカの集落の子どもに誤信念課題を実施したエイヴィスとハリスによると，誤信念の推理と心の理論の発達は文化的に普遍であるという（Avis & Harris, 1991）。

　認知的柔軟性について，発達心理学においては，これまで，実行機能との関連でさまざまな資料が集積されてきた（佐伯, 2015）。佐伯（2015）は，ある課題からもう一方の課題へのすばやい切り替えを要する「タスクスイッチング」という実験手法について展望し，実行機能だけではなく，タスクスイッチングにおける言語的表象への干渉や内言の役割を指摘している。

　実行機能については，ワーキングメモリ，抑制のコントロール，そして認知的柔軟性の観点から研究が集積されてきた（多鹿・上淵・堀田・津田, 2018）。実行機能と他者認識の関係性といった点からの資料はこれまで少なく，心の理論の発達は，その観点の一つとなるのではないかと思われる。

　図7-2は，バカの集落の各年齢層の子どもが，モデルに合わせた積木の構成を行っているときの，社会的参照の平均頻度である。その結果，筆者が作ったモデルに従った積木を用いた構成過程に，他者の意図的な共有が示されたと考えられた。4歳くらいで，子どもの構成（過程）や目標指向行為（完了）の遂行中に，他者の視点を確認する著者への社会的参照が増加した。これらの行動は，物の構成において他者と意図性を共有することを示唆している。課題遂行時の社会的参照と4歳児の柔軟な適応との関連が示唆された（Koyama, 2014a）。

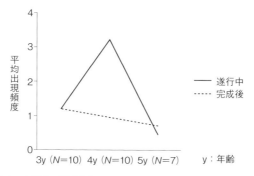

図 7-2　モデルに合わせた積木の構成を行っているときのバカの集落の各年齢における子どもの社会的参照の平均頻度 （出所）Koyama（2014a）p. 141

図 7-3　バカの集落の子どもたちの協同的なごっこ遊び （著者撮影）

　また，バカの集落の子どもたちの遊びを見ていると，4歳を過ぎた頃から，子ども同士の集団的なごっこ遊びが日常的によく観察された（図7-3）。写真は，女児たちの採集と調理の協同的なごっこ遊びである。このようなバカの集落の子どもたちの発達の観察から，共同性のなかでの協同的な遊びの過程において，他者認識が進み，表象的な認知的柔軟性は育まれているのではないかと考えられた。さらに，協同的な活動の過程での言語的表象や内言の発達などと，認知的柔軟性の発達との関連性の検討が必要である。
　一方，応答的な認知的柔軟性については，実験的な資料から，共同性のなか

での認知的柔軟性の発達が示唆されている。応答的な認知的柔軟性に関して，ガートンは，「外部の手がかりに反応して反応を変える能力を意味している」と述べている（Garton, 2004, 邦訳書 112 頁）。したがって，その測定には，ウィスコンシン・カード分類課題や，そこから発展した幼児向けの DCCS などが研究的に用いられてきた。ガートンらは，応答的認知的柔軟性には，子どもの認知，思考能力に加えて他者とともに行う問題解決が含まれるとした。ガートンは，ボニーノとキャテリーノらの（Bonino & Cattelino, 1999）子どもの認知能力と社会的能力との関係を調べた実験的研究をもとに，「高い思考の柔軟性をもった子どもは，自分が組んだ相手と協応操作的作業を頻繁に示していた」と述べている（Garton, 2004, 邦訳書 113 頁）。そして，ガートンは，「認知的柔軟性は，子どもたちがとる他者とのやりとりの仕方とその結果として生じるやりとりのスタイルに関わる一つの能力である」と述べている（Garton, 2004, 邦訳書 113 頁）。

　バカの集落における子どもたちの調査から，本当の（現実の）物への志向性によって子どもは相互に同じことをし，その過程でことばでのやりとりがあることがわかった。このような観察からも認知的柔軟性は，幼児期からの他者とのやりとりのなかで育まれていくものであり，心の理論の発達だけではなく，物的な環境的要因も影響していると考えられる。

7.3　認知的柔軟性と創造性

　創造性の発達は認知的柔軟性と関連していると，ヴァータニアン（Vartanian, 2016）は述べている。創造性は，子どもにおいては遊びのなかで育まれることが指摘され，特にふり遊びとの関連が指摘される。ラスらは，表 7-2 のように，ふり遊びのプロセスのなかで創造性を提示している（Russ & Zyga, 2016）。ふり遊びにおいて，子どもは，慣用的な思考や問題解決の方法の範囲に留まらないさまざまな多くのアイデアを創造する「拡散的思考」（divergent thinking）を発揮する。日常の問題の異なる結末を体験し，問題解決能力や新

表 7-2 ふり遊びの過程に見られる創造性 （出所）Russ & Zyga（2016）p. 54, 著者翻訳

ふり遊びにおける創造的過程	遊びにおける例
拡散的思考	ブロックの変換，異なるストーリーのアイデアと要素。
広い連合	ファンタジーと遠隔イメージの広さ。
認知的柔軟性/アイデアの再結合	ストーリーの要素の操作，おもちゃを異なる仕方で用いる。時間と空間を緩くすること。
洞察と問題解決	新奇なものを作る。機械もので遊ぶ。
視点取得	役割のふり。異なる性格になるふりをする。
ナラティブの発達	ストーリーのプロットとつながり。
感情的テーマとシンボル	モンスター; 警官と強盗。美味しい食べ物。
情動表現	人形を戦わせたり，抱く。
ふり遊びにおける楽しさ	遊びに没頭し喜ぶ。
感情と感情的テーマの統合	適切な語りに情動を位置づける。

しいアイデアやスクリプトを実践する（Russ & Zyga, 2016）。ラスらは，幼児期のふり遊びは後の拡散的思考を予測するとも述べている。

　バカの集落での観察結果が示唆するように，幼児期の遊びのなかでの創造性や協同性の連続性を今後検討していく必要があるだろう。

7.4 青年期に見る認知的柔軟性

　幼児期から発達が見られる認知的柔軟性については，若年成人における「先延ばし行動」の検討においても注目されている。朶ら（2017）は，タスク切り替え課題中の左上頭葉小葉脳活動との関連性を指摘し，先延ばし行動の認知基盤として，「内的なタスクセットの再構成と更新」があるのではないかと考察している（朶・岩木, 2017, 547 頁）。また，大学生を対象とした押山ら（2017）の研究において，認知的柔軟性が高いほどうつ傾向が低いという報告がなされている。この研究では，不安に対しては，認知的柔軟性の影響はなかったとされている。

　篠田ら（2018）は，学生相談に訪れる大学生に関して，レポート作成における困難さ，学生の背景にある目標設定の困難さ，プランニングと計画修正の困難さ，時間内に仕上げることの困難さを検討し，認知的柔軟性に着目している。また，認知的柔軟性を測る尺度として，篠田ら（2018）は，大学生の生活のなかで認知的柔軟性を要求される状況に関連した質問項目を用いて，大学生を対象とした「大学生認知的柔軟性尺度（CFS-HE）」を作成し，特に自閉傾向や不安傾向との関連を検討している。その結果，大学生の実際の学習面や行動面の問題と認知的柔軟性との検討が，学生支援において重要であることを篠田らは指摘している（篠田・高橋・高橋・篠田，2018）。

　大学生や若年成人の認知的柔軟性の近年の研究から，幼児期に見られる認知的柔軟性とそれに関わる発達との連続・非連続性を検討することによって，より有効な発達支援を考えることができるといえるであろう。

第**8**章
人間発達における象徴機能と言語

8.1　人の言語の特徴──その生産性をめぐって

　言語は，人に固有の能力であり，人間発達を考えるうえにおいて重要なテーマである。バーウィックらは，「私たちが関心を寄せる言語とは，実は生まれてそれほど時間がたっていない不思議な生物学的対象なのだ」と述べている（Berwick & Chomsky, 2016, 邦訳書 76 頁）。構文言語の発達は，ホモ・サピエンスから見られ始めたのではないかと考えられる。

　チョムスキーは，「言語は『思考の道具』として設計されている」とし（Chomsky, 2014, 43 頁），「内的対話」のために人間は言語を用いているとも述べている（Chomsky, 2014）。バレットは，人の言語の発達の諸側面を図 8-1 のように示している（Barrett, 1999）。その諸側面において，チョムスキーは人間の言語の統語（syntax）に着目し，ヒトの言語の固有性を説明する理論を提示している（Berwick & Chomsky, 2016）。統語とは，ピンカーによると，語を句やセンテンスに配列する規則である（Pinker, 1999）。

　一方，ピアジェによると，言語の獲得は，あるものを別のもので表すといった象徴機能の発達に支えられて獲得されていく。また，子どもの言語獲得過程には，遊びに見られる認知発達はいうまでもなく，運動発達や社会的認知の発達などが関連し，言語の発達は，それらの発達の諸結果であるともいわれてきた（村田，1977; 村井，1987a）。その点については，障がいをもつ子どもの言語発達からも裏づけられる（小椋，1998; 小山・神土，2004）。臨床的には，

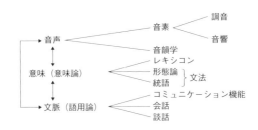

図8-1　言語発達の諸相（出所）Barrett（1999）p. 8. 著者翻訳

言語発達に全体的な発達が反映されることもあるので，その事例の言語発達の様相を通して，発達における困難さを捉えることも可能である。

　発達は未分化な状態から分化していく（変化していく）過程であるともいえ，言語発達はその様相を特によく示している。図8-1に示されている言語発達の文脈（語用論）の諸側面において，エバレットは，「言語が機能するのは，他の人が，自分に伝えたいことを理解している可能性が高いと人々が信じているからに他ならない」（Everett, 2017, 43頁）と述べている。他者との関係のなかでの言語使用である「語用」の発達が心の理論の発達と関連しているのである。そのように，言語獲得には諸発達が関連し，発達の結果であるということは，発達研究においても重要なテーマであり，言語発達支援においても重要な観点である。そのため，言語獲得に関する理論はさまざまな観点から提示されてきた。

　チョムスキーは，ヒトの言語は5万年前頃には存在せず，「創発されたもの」であることを指摘している（Chomsky, 2014）。また，チョムスキーは，「言語とは何か」という問いへの答えは，「現代の我々人類の本性を理解することに興味をもついかなる人にとっても重要な関心事となってきます」と述べている（Chomsky, 2014, 邦訳書10頁）。

　全ての言語にとって必然的なものというチョムスキーの普遍文法は言語発達の過程をミニマムに説明するものである。チョムスキーとバーウィックは，言語は「不思議な生物学的対象」であるとし，言語は「認知器官であり，計画，解釈，熟考などと同じように，漠然と"心的"と呼ばれるシステムの一つ」であり，「心の内的道具」と捉えている（Berwick & Chomsky, 2016, 邦訳書

76-77 頁，214 頁）。バーウィックらは，心の理論も「心の内的道具」の一つとして括っている。

　人間の言語の特徴はその「生産性」にある。生産性とは，今までに聞いたことがない単語や文を理解し，話すことができる能力である（Pinker, 1999）。ピンカーは，人間の言語には「語」（words）と「規則」（rules）の二つの「精神組織」があるとし，語は人々や対象，行為，場所などに言及し，規則は物の新しい関係をシンボルの結びつけやその分析によって扱うものであると述べている。また，ピンカーは，規則は生成的かつ抽象的であるとも述べている（Pinker, 1999）。

　ピンカーは言語がもつ結合的側面に着目した。さらに，チョムスキーが提唱した言語の「再帰性」によって生産的になるとピンカーは述べている。バロン-コーエンは，「再帰性とは，ある手順にその手順そのものが含まれていて，無限に繰り返すことができる状態」だとして，ある「フレーズを他のフレーズのなかに入れ子として組み込み，より複雑な言語構造を構築する能力がヒトに備わっている」と述べている（Baron-Cohen, 2020, 邦訳書 193-194 頁）。ヒトの言語は生成的で創造的であるが，ピンカーは，言語に見られる創造性は，結合的な規則，すなわち文法によって説明できると述べている。結合的なシステムがそれまで考えられていなかった結合を生成する（Pinker, 1999）。したがって，ヒトの言語は階層的なものである。バーウィックとチョムスキーは（Berwick & Chomsky, 2016），ヒトの言語の統語に見られる階層構造を作るのは，「集合形成の演算」である「併合」（merge）であると指摘している。再帰性はこの併合と関係してくる。併合によって，再帰的に階層構造を伴う言語表現が可能になるとバーウィックとチョムスキーは述べている（Berwick & Chomsky, 2016）。

　チョムスキーは，図 8-2 に示す 'Instinctively birds that fly swim.' という例文を示し，人の統語法で大切なのは線形の距離ではなく，構造的な距離であるとする。すなわち，swim は Instinctively の一段下であり，fly は 2 段下に埋め込まれている階層的表現であると述べている。さらに，Instinctively が swim にかかるのは学習ではなく，本性の一部であるとチョムスキーは述べている（Chomsky, 2014）。

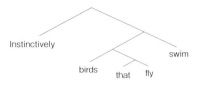

図 8-2　Instinctively birds that fly swim. という文の階層構造
（出所）Berwick & Chomsky（2016）訳書 p. 153.

　階層構造の形成に表象が関連していることは確かである。その点で，2 語発話の出現に見られる子どもの語連鎖の発達と，例えば，動作的におもちゃの空のカップにおもちゃのポットから注ぐふりをしてカップから飲むふりをするといったふりとふりとの結びつきに関連が見られる。動作的に表象と表象とのつながりを表現する象徴遊びにおける階層性との時間的対応関係を指摘したマッキューンの研究は興味深い（McCune, 2008）。チョムスキーとバーウィックは，身振りは視覚−運動的なもので，音声言語とは出力モダリティ（様式）が違うとしている（Berwick & Chomsky, 2016）。階層構造の変化と，動作的な表象の結びつき，つながりとそこから発展する概念化との関連性を明らかにしていくことが，身体性の認知の観点からも言語発達研究の一つの課題になっている。

　人の言語に見られる階層構造の変化には，継時的な時間的把握が関係していると考えられる。定型発達の子どもでは，初期の動作語（動詞）の増加とともに，時間や位置・場所を表示する語のレパートリーが広がり，継時的な時間的・空間的把握が，周囲で語られることばによって次第に階層的に表現されてくる。その時期と対応して，統語や文の複雑さの発達が見られてくることは興味深い（小山，2023a）。

　子どもは日々の遊びのなかで認識力を高めていく。ヴィゴツキーは，遊びは発達の源泉であると述べている（Vygotsky, 1978）。ピアジェは，遊びは「同化」の「調節」への優勢であると考えた。そこには安定性がある。日常の遊びのなかでの認知発達と言語獲得との関連は興味深い。なかでも，言語に見られるバーウィックらが着目している「順次的時間的順序づけ」（Berwick & Chomsky, 2016, 邦訳書 21 頁）と，言語の階層的変化に関係があると考えられる動作語，時間を表示する語，位置・場所を表示する語の獲得基盤となる日常生活の遊びに見られる認知発達との関連は，特に興味深い。しかし，その点に

ついての資料は少ない。

8.2　子どもの言語獲得過程に見られる認知・遊びの発達との関連

　そこで，筆者は，定型発達の子どもの初期において，時間や位置や場所を示す語の獲得が進む2歳から3歳の時期に注目し，「家庭における認知・遊びの発達」との関連性を検討した（小山，2023a）。筆者は，子どもの家庭での遊びと認知発達との関連を検討するため35項目からなる「家庭での認知・遊びの発達に関する調査」を作成している（小山，2020b）。保育所に在籍する132名の生後18か月から48か月の子どもを対象に，その養育者に協力を得て，養育者の「家庭での認知・遊びの発達に関する調査」への回答を因子分析した。その結果，第Ⅰ因子「他者理解・好奇心」，第Ⅱ因子「人の行為・経験の表象化とその計画性」，第Ⅲ因子「物での構成遊び」，第Ⅳ因子「空間理解」，第Ⅴ因子「ふり」の5因子が抽出され，家庭での認知・遊びの発達には潜在的な5つの因子があると考えられた（小山，2020c，表8-1）。

　第Ⅰ因子では，情動語の理解，大・小の比較，母親の意図理解，「これなーに」と尋ねる質問行動に関する項目に高い因子負荷量が見られた。「これなーに」と子どもが尋ねることは，子どもの側の知的好奇心の現れであると，村井（1987a）は指摘している。また，尋ねて答えてもらうことで子どもが安定するということもあろう。そのようなことから，第Ⅰ因子からは，情動語の理解や母親の意図の理解，「大きい・小さい」といった比較・判断や，好奇心とそこから得られる安心感が日常の子どもの遊びに影響していることが示唆される。

　第Ⅱ因子では，人形遊びの項目に因子負荷量が高かった。人形へのふり行為は，人の行為や経験の表象化や，ごっこ遊びに見られる計画性の発達を表していると考えられる。人形を用いたごっこ遊びに見られる人の行為や経験や，母親や父親の役割の表象化の発達とその遊びの実現に向けての計画性が，家庭での子どもの遊びに影響していると考えられた。

　第Ⅲ因子は，パズルを完成する，積み木で構成するなど，物での構成に関わ

表 8-1　家庭での認知・遊びの 5 因子に含まれる項目 （出所）小山（2022c）p. 174

第Ⅰ因子： 他者理解・好奇心	・「おこっている」がわかる。 ・「泣いている」がわかる。 ・「うれしい」がわかる。 ・「大きい・小さい」がわかる。 ・お母さんの思いや意図をわかってくれる。 ・「これなーに？」とよくたずねる。
第Ⅱ因子： 人の行為・経験の表象 化とその計画性	・ままごと遊びをして人形に着物を着せたり脱がせたり，寝かせた 　り，食事をさせたり，家庭的な活動をする。 ・人形が食べたり手を洗ったりしているように人形を動かす。 ・ごっこ遊びで父，母，赤ちゃんなどの役をとり，そのつもりに 　なって行動する。 ・おもちゃのスプーンを使って，ぬいぐるみや人形に食べさせるふ 　りをしたり，コップで飲ませるふりをする。 ・ごっこ遊びの中で遊びに必要なおもちゃを探したりする。 ・大人が本を読んでいると，自分の本を取って持ってくる。
第Ⅲ因子： 物での構成遊び	・10 ピース程度のパズルができる。 ・4 ピース程度のパズルができる。 ・積み木やブロックでトンネルや門の形を作ろうとする。 ・消防車や救急車を想像して遊ぶ。 ・顔らしいものを描いて目，口などをつける。
第Ⅳ因子： 空間理解	・「〜の下」がわかっている。 ・「〜の上」がわかっている。
第Ⅴ因子： ふり	・ままごと道具を使って自分で飲むまねや食べるまねをする。 ・ままごと道具で飲むまねや食べるまねをしているときに，そばに 　いる大人にもさせようとする。

る因子である。これらの遊びには，全体的に構成していく能力や，物による表象的構成が求められ，人形を用いた家庭での他の遊びとはまた別に，家庭における子どもの認知発達に影響していると考えられた。

　第Ⅳ因子は，家庭での空間語彙の理解がともなう空間理解である。この因子には，「2 階にあるもの，押し入れに入っているもの，おうちで部屋に置いてあるものの場所がわかっている」という項目も含まれており，家庭での物の位置といった空間理解の発達を表していると考えられる。

　第Ⅴ因子は，自己に向けたふりや他者に向けたふり遊びであり，それは脱中心化の発達を示している。他者へのふりは，他者にふりを向けることによって

他者の行為を子どもが見て他者を理解していくプロセスと考えられる。人形を用いた遊びとはまた別の因子となったのは，人形へのふりは，自己や他者に向けたふりよりもさらに進展して，家庭での人や行為・経験の表象化であり，経験をもとに考えること（reflection）が含まれているからである。また，因子間相関の結果を見ても，他の因子との相関は低く，比較的独立した因子であると考えられた（小山，2020c）。

研究協力者は，保育所に在園する子どもとその保護者で，保護者には，「日本語マッカーサー乳幼児言語発達質問紙」（CDI）（綿巻・小椋，2004）と「家庭での認知・遊びの発達に関する調査」に縦断的に回答してもらった。生後23か月時から36か月時のCDI「語と文法」における動作語，時間，位置や場所を表示する表出語彙得点と，家庭での認知・遊びの諸変数との相関分析の結果，時間，位置や場所を表す語の獲得は，動作語の獲得や家庭での認知・遊びの発達における第Ⅱ因子「人の行為・経験の表象化とその計画性」や第Ⅲ因子「物での構成遊び」や第Ⅳ因子「空間理解」と関連することが示唆された（小山，2023a）。

小山（2023a）の研究が示唆しているように，子どもの初期の言語獲得における「順次的時間的順序づけ」は動作語の獲得を中心とした位置・場所，時間を表示する語の獲得に表れる。それには，「人の行為の表象化」や「空間理解」が関係し，家庭での認知・遊びの発達との関連性も示唆された。日常的遊びとその過程での認知発達が，言語における階層構造の進展と関連していると考えられる。

チョムスキーとバーウィックは，「階層構造をともなう表現をつくる内的計算システム」と「推論，解釈，計画，行動の組織化」のためのシステムを「概念システム」とし，産出や統語解析などの外在化のためのシステムとして「感覚-運動システム」をあげた。チョムスキーは，「感覚-運動システム」は言語とは独立したシステムであると述べ（Chomsky, 2014），これらの「インターフェース」（連結部・つながり）に注目している（Berwick & Chomsky, 2016）。チョムスキーらのいうインターフェースとして，日常生活における遊びと認知の発達は関連しているのではないかと考えられる。

8.3　生得説からの展開

　発達心理学においては，古くから人の発達において何が生得かといった議論がなされてきた。その検討において，領域固有やモジュール性，そして「コア認識」といった点が理論的に提示されてきた。現在はすでに述べたように，その議論の場は神経構成主義にある。人の発達におけるモジュール性にしてもコア認識にしても，環境との関連で変化し，カーミロフ–スミスは神経構成主義の立場から「領域固有化」（modularization）という理論を提示した。この理論は現時点では発達における機能的連関性を追究していくうえで極めて興味深いものである。人の発達にモジュール性を認めつつも，それは変化していくという見方である。

　言語の諸側面にはモジュール性が見られ，本章のはじめにも述べたように，全体的な発達が関連している。そこでは，領域固有化とフィリッピとカーミロフ–スミスが指摘している「領域関連」の問題が浮かび上がってくる（Filippi & Karmiloff-Smith, 2013）。また，言語獲得に関して，生得性の立場から発展した仮説に「ブートストラップ」（bootstrapping）がある。それは，言語に関する生得的な知識をもとに文法的発達をもたらすものであるという考えである（Harris & Westermann, 2015）。ハリスは，言語発達における学習の側面に注目している。

　カーミロフ–スミスらによると，ブートストラップは言語入力のある側面の知識が，新たな言語システムの側面の学習の近道として働くというものである（Karmiloff & Karmiloff-Smith, 2001）。「学習の近道」という点は興味深く，その点で「領域関連」の見方は糸口を与えてくれている。

8.4　人のマインドと言語変化

　チョムスキーとバーウィックは，「言語は思考の道具である」という考えを

支持し，「言語は本質的に意味のシステム」であると述べている（Berwick &
Chomsky, 2016, 邦訳書 132-133 頁）。ピンカーは，英語における不規則変化の
形態について考察するなかで，およそ 200 語が多くの形やサイズをもっており，
歴史的な出来事や人の心（mind）の反応を鮮やかに示しながら，多くの年数
をかけて形作られてきたと述べている（Pinker, 1999）。統語の発達も，子ども
は周囲で話されるセンテンスを聞き，語彙や文法を推測する（Pinker, 1999）。
その過程についての思考や意味の発達の観点からの考察が必要であり，そこで
は人のマインド（心）の変化が言語に反映されてくるといえよう。

　人間のマインドについて，ピンカーは以下のような興味深い指摘をしている。

・人間の心はある一つのシナリオを何とおりにも解釈することができる。
・個々の解釈は「出来事」「原因」「変化」「意図」などいくつかの基本的な
　概念によって構成されている。
・これらの概念はほかの領域まで比喩的に拡張することができる。たとえば
　出来事を物のように数えたり，空間を時間のメタファーとして使ったりす
　る場合のように。
・個々の概念には明らかに人間ならではの特異なクセがある。それはある種
　のことについて思考するには有用だが，あまり広く応用しすぎると誤謬や
　混乱のもとにもなってしまう。　　　　　　　（Pinker, 2007, 邦訳書 61 頁）

　ピンカーはこの四点と人間の言語との関連について検討し，動詞の獲得に注
目した。人の心がある特定の事象を解釈するときには，「動詞のより深い意味
の層を用いていると思われる」とピンカーは述べている（Pinker, 2007, 邦訳
書 110 頁）。「動詞のより深い意味の層」には，動作主の思いや意図といった他
者認識の発達や出来事のなかでの表象やプランニングの発達が関係していると
考えられる。

第9章

発達における
連続性・非連続性

9.1 早期から後の行動との連続性を探る

　「人の発達は連続か非連続か」と尋ねると，多くの人は「連続である」と答えるであろう。また，時間的スパンを大きくとり，生涯発達で振り返ると，連続性が浮かびあがってくる。バウマンとアンダーソンらは，ヒンドレイら（Hindley & Owen's, 1978）の研究を引用し，5歳，8歳，11歳，14歳，そして17歳時点とそれ以前のIQとの相関係数から，知能指数における一貫性を指摘している（図9-1）。それは，IQの変化という点では，連続性を支持する

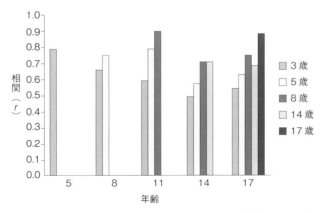

図 9-1　ヒンドレイら（1978）による5歳，8歳，11歳，14歳，17歳時点とそれ以前のIQとの相関 （出所）Baughman & Anderson（2021）p. 55. 著者翻訳

表9-1　言語発達の区分 （出所）村井（1987a）p. 102. 著者改変

第1期	最初の有意味語が獲得されるまでの時期。	前言語期	出生から1歳前後
第2期	最初のことばの習得から，基本的言語システムが形成されることにより狭い範囲であるが他者と伝達が可能になる。	1語発話期 2語発話期 多語発話期	1歳前後から3,4歳まで
第3期	音声言語が伝達の主流になり，社会適応の手段として活発に用いられる。本期の後半から文字の習得が始まる。	語り（ナラティブ）	4,5歳から9，10歳ぐらいまで
第4期	言語による思考が発達し，抽象的世界が開ける。それとともに言語が伝達，思考以上の人格そのものを表現する働きをする。	言語による思考	10,11歳以上

ように思われる（Baughman & Anderson, 2021）。しかし，生涯発達の過程では「非連続」と捉えられる側面もある。

　発達の連続性を捉える場合には，進化的に考える観点と，それをふまえて個人の発達の過程で連続性を見ていく観点が考えられる。チョムスキーらは，進化における不連続性を支持し，ヒトの言語は進化的なものではなく，ヒトにおける言語の出現は創発的なものと考えている。「人の祖先の最後の出アフリカが始まって，人類が世界中に広がったが，知られている範囲で言語機能は基本的に変わっていない」とチョムスキーらは述べている（Berwick & Chomsky, 2016, 邦訳書72頁）。チョムスキーらのこの指摘は，言語獲得に関して，進化的には，ヒトの発達に見られる非連続性を支持するものである。また，個体発達においてもピアジェとは異なり，チョムスキーは，「感覚-運動システム」は言語とは独立したシステムであると述べている。その点から，感覚運動期からの発達と言語獲得とは非連続的であると考えているともいえよう。

　村井（1987a）は，言語発達の段階を表9-1のように示している，村井はその点について詳しく述べていないが，そのタイトルに「段階」ではなく，「区分」ということばを用いている。そこには，ことばの発達の進展には連続性と非連続性の両者が含まれ「段階」とはいえないことや，段階という場合には大きく捉える点が示唆されていると筆者は考える。また，表9-1のように言語発達を捉えると，言語発達はピアジェの認識の発達と対応しており，全体的な認識の体制化とともに言語発達が進展していくことを示していると考えられる。

　発達心理学における連続性・非連続性のテーマは，早期から後の行動との連続性を探るものである（Emde & Harmon, 1984）。発達における連続性・非連続性については，1970年代後半から欧米で，質的変化についての検討のなかで多くの研究がなされてきた（Emde & Harmon, 1984）。そして，エムデらは，多くの研究者は，特に認知発達や気質に関して，乳児期から後の年齢での予測性に欠ける結果に失望したとも述べている（Emde & Harmon, 1984）。村井（1987a）の「言語発達の区分」に暗に示されているが，バターワースらも，「連続と非連続が混在して，人間発達は成り立っている」という指摘をしている（Butterworth & Harris, 1994, 邦訳書35頁）。また，これまで本書の随所で述べてきたように，「発達における連続性と非連続性について」の考察は，発達の理論化，現実の子どもの発達理解において，個人内では一貫したパターンが見られるといった個人差や安定性とも関連する。長期の時間的スパンにおける効果を考えた発達支援においても重要なテーマであると考えられる。

9.2　発達の連続性とは

　エムデらの著書のなかで，ラター（Rutter, 1984）は，発達における連続性について以下の点を指摘している。

1. 連続性という場合に，絶対的に不変性がある。
2. 変化の形式において，または発達のパターンにおいて規則性が見られる。
3. 人格的特徴との関連のパターンにおいて，個人内での一貫したパターンが見られるという安定性がある。
4. 母集団のなかで一貫した位置を示す規範的な安定性の特徴が見られる。
5. 構造やプロセス，そしてメカニズムにおける連続性である。
6. 発達の早期のフェーズにおける出来事やハプニング，経験と，後の年齢での心理的なアウトカムのあるタイプとの，予測できるつながりのパターンが考えられる。

　一方，非連続性については，特に認知発達の領域で検討され，資料も集積されてきた。また，ラターが連続性を考える際に提示した5番目の「構造やプロセス，そしてメカニズムにおける連続性である」という点に関しては，少なくとも構造から構造への変化を指摘するピアジェの発達論は非連続性の立場である。

　非連続性に関しては，急激に変化が見られるスパート（spurt）が起こる時期が注目されてきた（Fischer, Pipp, & Bullock, 1984）。それに対して，変化がスローな時期は連続的であると考えられてきた。また，スパートが起こる年齢は，ケースによってや，文脈やその領域での経験の量によって異なることをフィッシャーらは指摘している（Fischer, Pipp, & Bullock, 1984）。さらに，子どもが取り組む課題によっても非連続であるように見える。フィッシャーらは，次のように述べている。

　ステップ1からステップ4はある発達水準で継起する難しい課題で，ステップ5は次の発達水準の最初に要求される課題であれば，最初の水準でスパートが起こり，ステップ1からステップ4は早く進む。しかし，ステップ4とステップ5への移行に非連続性を示す（Fischer, Pipp, & Bullock, 1984, 102頁）。

　また，フィッシャーらは，縦断的資料では，それぞれのステップにある時間の長さを測定することによってスパートを探ることができると述べている（Fischer, Pipp, & Bullock, 1984）。さらに，フィッシャーらは，図9-2に示されるような発達における非連続性の検討において，ある年齢範囲での異なる領域でのスパート，すなわちスパートのクラスターに注目している（Fischer, Pipp, & Bullock, 1984）。

　園原（1961）は，発達の連続性と非連続性に関して，「発達曲線のこの外見的連続性の中に機能的連関性を問うことが真の連続非連続の問題である」と指摘している（園原，1961, 253頁）。例えば，指さし行動が未出現のために有意味語の発語が見られないといった障がいをもつ子どものケースなかに見られる点は，象徴機能といった機能の連続性と考えられ，また，指さしがなかなか見られないといった点は非連続性とも考えられる。機能の連関性という点では，領域固有性とその安定化との関連も，発達における連続・非連続性を検討していくうえで重要であろう。

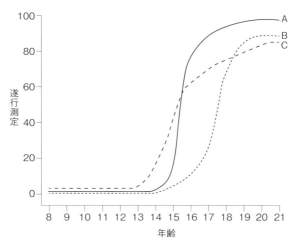

図 9-2 架空の 3 領域でのスパートのクラスター
(出所) Fischer, Pipp, & Bullock (1984) p. 101, 著者翻訳

　図 9-3 は，前言語期における伝達行為の一つであるショウイング，ショウ・オフ，ふりの出現について，30 分間の母子遊びの場面の観察における頻度を示したものである。物を他者に見せるというショウイングは，自らが「いないいないばあ」などをして見せるというショウ・オフ，ふりといったように変化していく。その背景には「自己を他者にプレイフルに示す」という心性 (mentality) があり (小山, 2002, 2006)，その変化には連続性があるといえる。そして，その心性は，「ほら見て」などの言語表現へと置き換わって変化していく。表現行為としては変化しているが，その背景にある心性は連続しているといえる。園原 (1961) のいう機能的な連続性である。また，園原 (1961) は，発達の連続性に関して，体制化における変化に見られる発達連関に注目しなければならないと述べている。この点はピアジェの理論と通ずる。動作的に他者に差し出して見せるショウイングから「ほら見て」という発話への変化は，ことばによる体制化による変化といえる。

　これまでの発達の連続性・非連続性に関する研究は，比較的短期間の連続性に着目したものである。そこには，発達のそれぞれのフェーズに見られる安定性や不安定性が関係している。安定している場合には連続的であると考えられてきた。また，個人差・スタイルに見られる一貫性の持続と消長も，発達の連

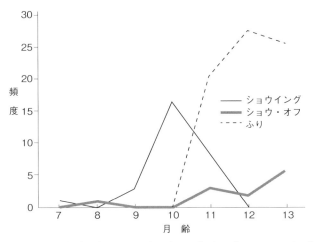

図9-3　30分間の母子遊びの場面におけるショウイング，ショウ・オフ，ふりの出現頻度
（出所）小山（2002）p. 237

続性・非連続性には関係している。

　今後はそれらの安定性と不安定性に着目することによって，時間的経過のなかでのさらなる連続・非連続性の検討が可能であろう。一般に言語発達は連続であると考えられることが多いが，発達におけるリアルタイムなダイナミクスに焦点を当てると非連続性や非定型性が見えてくることが示唆される。その際，フィリッピらが指摘しているように（Filippi & Karmiloff-Smith, 2013），発達のある時期に「強み」と見られる点が後には必ずしも強みと考えられないことなどは，まさに発達における非連続性の例として考えられる。また，その逆の場合，すなわち，遅れと見られていた点が後に強みとなることも，非連続性として考えられる。非定型発達の事例における連続性に関して，フィリッピらは，早期のある領域における困難さが成人期に影響を与えていない例をあげ，それは，タイミングの問題が重要であると述べている。非連続性は，諸発達のタイミングの視点からの検討が必要であろう。このことはこれまであまり問題にされてこなかった。

　図9-4は発達における安定性，不安定性，非定型性に着目して，非定型発達に至ると考えられるプロセスをまとめたものである。発達という連続性の過程

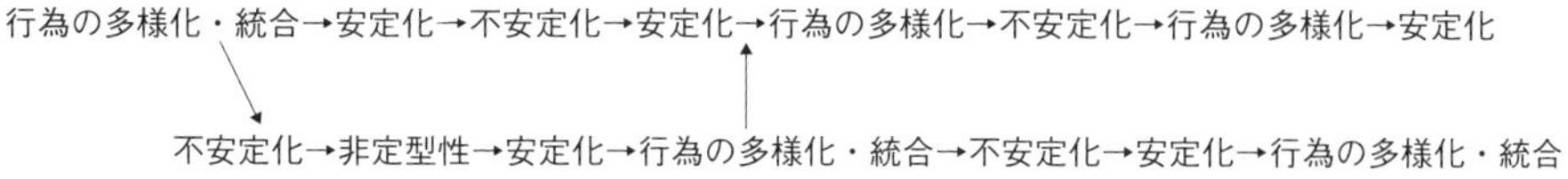

行為の多様化・統合→安定化→不安定化→安定化→行為の多様化→不安定化→行為の多様化→安定化

不安定化→非定型性→安定化→行為の多様化・統合→不安定化→安定化→行為の多様化・統合

図 9-4　多様化，安定性，不安定性，非定型性との連続性の関連

で，それぞれの行為・機能の安定性・不安定性が見られる。それは定型性，あるいは，他の構成要素の変化とのタイミングによっては非定型性として顕現する。非定型性は現れる領域が多様化することも考えられ，他の領域ではそれまでのその領域の発達の連続性として現れることも考えられる。また，非定型性も定型化につながるプロセスがある。それぞれのプロセスを経て，行為や行動は安定化し，定型発達，非定型発達として捉えられるようになる。

　そして，非連続性は図中の分化の時点で問題となるといえる。さらに，非連続性については取り組む課題，環境への適応についての観点からも検討していかねばならないことはいうまでもない。また，発達における非連続性は，主体の選択性や価値の変換によっても見られるといえるのではないだろうか。発達支援においては，発達の連続性・非連続性という観点から，多様化とその統合，安定化，不安定性に着目し，その次への変化との連関性を見ていくことが重要であろう。

第10章

発達における
スピードアップ

10.1　諸発達の連関性のなかで生じるスピードアップ

　欧米の発達心理学の文献において，"change" ということばをよく目にするようになって久しい。発達は「変化の過程」に注目する。また，その変化には，加速される時期があり，ゆっくりと変化していく時期もある。バーウィックらは，進化の過程においては，比較的早い変化が起こる時期があり，その変化と適応との関連性を指摘している（Berwick & Chomsky, 2016）。バーウィックらの指摘は個体発達においてもあてはまるであろう。ミューラー（Müller, 2012）は，ピアジェのいう感覚運動期から前表象期への移行に見られる「内化」（internalization）はスピードアップの問題であると述べている。オバートン（Overton, 2012）は，スピードアップに関して多面的な同時的要因（multiple simultaneous causes）を指摘している。変化が加速される時期と，ゆっくりと変化していく時期の二つの時期に注目することは，発達支援を進めていくうえにおいても重要である。

　第2章でふれた「安定性」「不安定性」の問題も，変化している時期が安定しているのか，不安定性が見られる時期が変化しているのか，難しい問題である。発達におけるスピードアップと関連するスパート（spurt）の問題は，これまでの発達心理学においては非連続性として捉えられ（Ficher, Pipp, & Bullock, 1984），質的発達とも関連する。スパートが起こる時期には，個人差が見られ，ある領域でのスピードアップの問題は諸発達の連関性のなかで生じてい

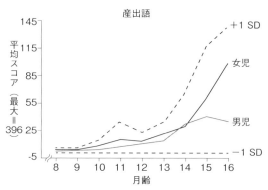

図 10-1　子どもの初期の表出語彙獲得の傾向（CDI による）
（出所）Harris & Westermann（1915）p. 97. 訳書 p. 148.

るとも考えられる。

　近年の欧米の発達心理学においては，システムを構成する要素（変数）の発達的軌跡に注目している。システムの移行には「時間」と「速度」の問題が関わっているのである。したがって，発達研究においては，ダイナミック・システムズ・アプローチに見られるように縦断的資料が必要となる。ダイナミック・システムズ・アプローチでは，質的変化と量的変化の関連やシステムからシステムへの移行を見ることは可能であるが，発達におけるスピードアップの問題はこれまで十分に検討されていない。表出語彙の獲得にはさまざまな発達が関連してなされていくので，初期の表出語彙獲得におけるスピードアップに関して筆者は資料を集積してきた。

　図 10-1 は，CDI における子どもの初期の表出語彙獲得の傾向を示したものである。定型発達の子どもにおいて，表出語彙数が 20 語程度に至るまでは，増加が緩慢でスローであるといえる。初期の言語発達研究においては，表出語彙の増大に関して，獲得スピードが問題とされ，緩やか（gradual）な時期と急速（abrupt）に進む時期があることに注目されてきた（Harris, 2009; Horst, 2018）。初期の言語発達におけるスピードアップに注目することによって明らかになった点は，発達のスピードにおけるスローなフェーズへの注目であるといえる（小山，2022b）。また，表出語彙の増加がスピードアップしていると考えられる時期にすでに完成し，安定している側面への注目も重要である

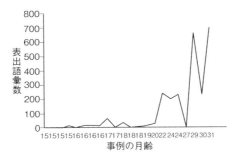

図 10-2　表出語彙獲得に見られるスピードアップ
(出所) 小山 (2022b) より作成
表出語彙数は CDI による。

(Kiesling, 2011)。その点については，発達的「変化」との関連でこれまで十分に検討されてこなかったといえる。さらに，どのフェーズで他の発達の領域において変化が見られているのかといった点からの検討も必要である。

　子どもの遊びと言語の発達は関連がある（8.3 節参照）。図 10-2，図 10-3 はそれぞれ，定型発達の子どもにおける初期の表出語彙の獲得に見られる発達曲線と，第 8 章でふれた家庭での認知・遊びの発達に関する調査結果における総得点の発達曲線を示したものである。これによると，表出語彙獲得に見られるスピードアップと家庭における認知・遊びの発達に見られるスピードアップは，スローなフェーズの後に見られ，月齢的にはほぼ一致している。図 10-1，図 10-2 からは，表出語彙の獲得と家庭での認知・遊びの発達のスピードアップにおいて領域間の関連が示唆されるとともに，領域間に見られるスピードアップについての検討も必要であることがわかる。

10.2　構成要素間の競合

　ピアジェは，初期のスピードアップについて，表象による構造化と同化による経験的試行錯誤との関連性に注目した（Piaget, 1952）。さらに，発達におけるスピードアップの問題は，ダイナミック・システムズ・アプローチの観点か

図 10-3　家庭における認知・遊びに見られるスピードアップ（出所）小山（2022b）より作成

らいえば，競合していた構成要素（van Geert, 2004; 小山, 2018c）が自律化し，かつ他の構成要素と相乗作用を起こしていくことによるとも考えられる。ダイナミック・システムズ・アプローチから，ある時期にどの構成要素（変数）に動きがないかを見ることや，また，システムからシステムの移行に関わる統制パラメーターを特定することは，この問題への解答に示唆を与えるといえる。

　先の表出語彙獲得に関して，定型発達の子どもを対象とした筆者の研究では，表出語彙獲得増加の勾配は，生後 18 か月までは全体として緩やかであるが，生後 18 か月を越えると個人差は大きいものの急増が見られた。しかし，生後 18 か月までに急増が見られた事例のほうが，生後 18 か月以降に急増した事例よりも増加の勾配は大きかった。生後 18 か月までに表出語彙が急増した 4 事例では，急増が見られていない事例に比して，家庭における認知・遊びに関する調査結果における総得点が急増していた（小山，2022b）。

　生後 18 か月までに急増が見られた事例は，他の事例に比して，「他者理解・好奇心」「人の行為・経験の表象化とその計画性」「ふり」における平均加算得点の増加が見られた。生後 18 か月から表出語彙が急増した 3 事例では，急増が見られていない事例に比して，認知・遊びに関する調査結果における総得点の平均は低くなっていた。生後 18 か月から 23 か月に急増が見られた事例は，そうでない事例に比して，「ふり」における平均加算得点の増加が見られた。18〜23 か月に急増が見られなかった事例においては，「物での構成遊び」「空間理解」における平均加算得点の増加が，18〜23 か月に急増が見られた事例よりもあった。

　この結果からは，家庭における認知・遊びの発達における表象的遊びや空間理解の変数が統制パラメータになっていると考えられる。統制パラメータはケースと時期によって異なることや，スピードアップと関連していることが示唆され，そこには構成要素間の競合も考えられる（小山，2022b）。

　筆者は早期言語発達支援の基礎的資料として，表出語彙獲得におけるスピードアップに着目し，知的発達症をもつ事例に関して検討した（小山，2022c）。この研究では，表出語彙カテゴリーの構築に注目している。研究協力者は，知的発達症をもつ就学前の 10 事例の表出語彙 200 語を超えるまでのフェーズにおける養育者への調査による，「日本語マッカーサー乳幼児言語発達質問紙・語と文法: CDI」（綿巻・小椋，2004）の表出語彙の結果と，家庭での認知・遊びの発達の様相との関連性を検討した。「家庭での認知・遊びの発達に関する調査」への回答に関しては，回答は，「まだ見られない，やったことがない，させていない」＝×，「最近見られかけた」＝△，「よく見られる，過去にできていた」＝○の 3 段階で記入してもらった。表出語彙については，ドドリコら（2001）が，イタリア語を母語とする定型発達の子どもの資料から CDI の表出語彙発達年齢では，2 歳 3 か月から 2 歳 7 か月に相当する初期の語学習には段階的変化があり，50 語段階（40〜64 語），100 語段階（88〜148 語），200 語段階（186〜303 語）を指摘している。また，ドドリコらは，表出語数が 100 語から 200 語の時期には，次の語彙発達の段階に入ることを指摘している（D'Odorico, Carubbi, Salerni, & Calvo, 2001）。

　その結果，家庭での認知・遊びの発達においては，表 10-1 に示すように，事例によって出現していたが，出現しなくなる項目があった。表 10-1 における家庭での認知・遊びの結果は，○は「よく見られる，過去にできていた」であるので「安定」とし，×または△→○への変化も「安定」しているとした。△は「最近見られかけた」という評価であるので「出現」しているとした。観察中の変化について，○→△は，日常での出現頻度が頻繁に見られることから減少していると考えられ，「不安定」とした．○→×，△→×への変化は，その項目に関して出現していたが「観察されなくなった」とした。○→○は家庭で「安定」して出現している，×と×→×は「未出現」とした。

　家庭での認知・遊びの発達は漸進的である。知的発達症をもつ子どもの表出

表 10-1　知的発達症をもつ子どもの家庭での認知・遊びの発達と表出語彙の獲得との関連　（出所）小山（2022c）p. 175

家庭での認知・遊びの発達状況の項目	事例 1		事例 2		事例 3		事例 4		事例 5		事例 6		事例 7		事例 8		事例 9		事例 10	
生活年齢	3;07*	4;02	3;07	4;03	3;04	3;11	4;07	4;09	4;01	4;08	4;06	5;01	3;11	4;09	3;07	3;10	4;05	4;07	5;03	5;09
CDI における表出語彙数	1	0	11	9	6	436	11	125	51	104	55	183	95	165	125	131	131	166	216	260
表出語彙が見られた CDI における下位領域数	1	1	7	3	3	23	8	20	15	20	16	21	18	21	18	20	15	16	21	22
I. 他者理解・好奇心																				
・「おこっている」がわかる。	×	△	○	○	○	○	○	○	○	○	○	○	△	△	○	○	○	○	×	×
・「泣いている」がわかる。	×	△	○	○	○	○	○	○	○	○	○	○	△	△	○	○	○	△	△	△
・「うれしい」がわかる。	×	△	○	○	△	○	○	○	○	○	○	○	△	△	○	○	×	×	×	×
・「大きい・小さい」がわかる。	△	△	○	○	○	○	○	○	○	○	×	○	△	△	○	○	×	×	○	○
・お母さんの思いや意図をわかってくれる。	△	△	○	○	○	○	○	○	○	○	○	○	△	○	○	○	○	×	△	○
・「これは一に？」とよくたずねる。	△	×	○	○	○	○	○	○	○	○	○	○	△	△	○	○	○	×	×	○
II. 人の行為・経験の事象化とその計画性																				
・ままごと遊びをしていて人形に着物を着せたり脱がせたり、寝かせたり、食事をさせたり、家庭的な活動をする。	×	△	○	○	×	○	△	○	○	○	△	○	△	○	○	○	×	×	○	○
・人形が食べたり手を洗ったりしているように人形を動かす。	×	×	△	○	×	○	×	○	○	○	×	○	△	△	×	×	×	×	×	○
・ごっこ遊びで父、母、赤ちゃんなどの役をとり、そのつもりになって行動する。	×	×	△	○	×	○	×	○	○	○	×	○	×	△	×	×	×	×	×	○
・おもちゃのスプーンを使って、ぬいぐるみや人形に食べさせるふりをしたり、コップで飲ませるふりをする。	△	×	△	△	○	○	○	○	○	○	△	○	△	△	○	○	×	×	△	○
・ごっこ遊びの中で遊びに必要なおもちゃを探したりする。	△	×	△	○	○	○	△	○	○	○	○	○	×	△	○	○	×	×	△	○
・大人が本を読んでいると、自分の本を取って持ってくる。	×	×	○	○	○	○	△	○	○	○	○	○	×	△	○	○	×	×	○	○
III. 物で構成遊び																				
・10 ピース程度のパズルができる。	×	×	△	△	×	○	×	○	×	×	×	○	×	△	×	○	×	×	×	○
・4 ピース程度のパズルができる。	×	△	○	○	△	○	△	○	○	○	×	○	△	△	×	○	△	△	△	○
・積み木やブロックでトンネルや門の形を作ろうとする。	×	×	○	○	×	○	×	○	×	○	×	○	×	△	×	×	×	×	×	○
・消防車や救急車を想像して遊ぶ。	×	×	△	○	×	○	×	○	×	×	×	○	×	△	×	×	×	×	×	○
・顔らしいものを描いて目、口などをつける。	×	×	△	○	×	○	×	○	×	○	×	○	×	△	×	×	×	×	×	○
IV. 空間理解																				
・「～の下」がわかっている。	×	△	○	○	○	○	○	○	○	○	○	○	○	○	△	○	×	×	○	○
・「～の上」がわかっている。	×	△	○	○	○	○	○	○	○	○	○	○	○	○	△	○	×	×	○	○
V. ふり																				
・ままごと道具を使って自分で飲むまねや食べるまねをする。	○	○	○	○	○	○	○	○	○	○	○	○	○	○	○	○	○	○	○	○
・ままごと道具で飲むまねや食べるまねをしているときに、そばにいる大人にもさせようとする。	○	○	○	○	○	○	○	○	○	○	○	○	○	○	○	○	○	○	○	○

*3 歳 7 か月を示す。　○＝よく見られる。　△＝最近見られる。　過去に出ていた。　×＝まだ、見られない。やったことがない。させていない。

語彙200語までのフェーズにおける家庭での認知・遊びの発達においては，安定している点と不安定さが見られ，全体として緩やかな変化が見られた。CDIにおける表出語彙カテゴリーの増加は，表出語彙数の増加と対応し，50語のフェーズから動作語などの新たなカテゴリーが出現した。表出語彙100語のフェーズでは，家庭での認知・遊びの発達における子どもの「強み」が反映されて，表出語彙カテゴリーの広がりに個人差が見られ始めることが示唆された（小山，2022c）。

　これらの結果から，知的発達症をもつ事例の表出語彙カテゴリー構築のスピードアップには，家庭における認知・遊びの発達における安定化と不安定性が反映されていることが示唆された（小山，2022c）。家庭での認知・遊びの発達において見られた「不安定さ」は，後の言語発達における「変化」につながる過程としても位置づけられるのではと考えられる。また，家庭での認知・遊びの発達において見られ始めた「強み」については，生活経験や生活年齢の重みも考えられる。

　知的発達症が伴いASDをもつ子どもに見られる表出語の増加や，その速度の背景にある感覚運動期の認知発達に関する資料は少ない。筆者は，知的発達症を背景にもつ自閉スペクトラム症の事例について，表出語獲得に見られるスピードアップと認知発達との関連性について検討した（小山，2020b）。その結果の一部を表10-2，表10-3に示した。

　本研究においても，ドドリコら（2001）の表出語彙獲得の水準を参考にした。研究協力者は，児童発達支援センターに通所する前言語的段階から100語段階にある3〜6歳の事例6例（女児，2例）である。方法は，6か月に1回，「日本語マッカーサー乳幼児言語発達質問紙」（CDI）（小椋・綿巻，2004; 綿巻・小椋，2004）と「家庭での子どもの認知・遊びの発達に関する調査」を保護者に記入してもらうものだった。子どもとは，園の保育室において，原則として30分，用意した玩具（小山，2020a）を用いた筆者と1対1の遊びの観察を行い，その様子をビデオ録画し，感覚運動的シェマとその協応，空間関係理解について分析した。

　「日本語マッカーサー乳幼児言語発達質問紙」（CDI）〈語と文法〉における表出語彙数の増加と家庭での遊び・認知の発達に関して，第1回目の調査・観

表 10-2　小山（2020b）で対象とした知的発達症を伴う ASD の表出語数，理解語数と家庭での遊び・認知得点 (出所) 小山（2020b）PO-013

	事例1		事例2		事例3		事例4		事例5		事例6	
CA	4:05	4:11	5:11	6:06	4:00	4:07	3:04	3:11	5:07	6:01	5:06	5:11
表出語数	0	0	0	0	4	146	6	441	126	111	138	151
理解語数	6	1	136	188	88	229	327	402	252	212	233	245
家庭遊び・認知総得点	1	1	17	18	28	37	35	36	34	33	30	32
I．他者理解・好奇心	0.0*	0.0	2.0	1.0	4.0	7.0	9.0	6.0	3.2	7.0	1.0	1.0
II．人の行為・経験の表象化とその計画性	0.0	0.0	2.2	2.3	0.3	6.3	3.0	7.0	4.0	4.0	7.3	10.0
III．物での構成遊び	0.0	0.0	2.0	4.0	4.0	4.0	0.0	3.0	4.2	5.2	2.0	3.0
IV．空間理解	0.0	0.0	0.0	0.0	0.0	0.0	3.0	3.0	0.0	0.0	0.0	0.0

* 加算平均得点を示す。

表 10-3　各事例における感覚運動的活動，空間的操作，対人表象的行為の発達
(出所) 小山（2020b）PO-013

項目	事例1		事例2		事例3		事例4		事例5		事例6	
	4:05*	4:11	5:11	6:06	4:00	4:07	3:04	3:11	5:07	6:01	5:06	5:11
感覚運動的活動												
感覚運動的シェマ数(異なり)	7	8	12	18	10	12	13	15	14	18	12	15
感覚運動的シェマ協応(タイプ数)	2	2	8	6	10	4	3	5	2	6	5	3
感覚運動的な狭いループ	○	○	○									
空間的操作												
入れる	—	—	—	○	—	○	○	○	○	○	○	○
反転する	—	—	—	○	○	○	○	○	○	○	○	○
重ねる	—	—	—	○	—	○	○	○	○	○	○	○
配置・対向する	—	—	—	○	—	○	○	○	○	○	○	○
置く	○	○	○	○	○	○	○	○	○	○	○	○
移動（走らせる）	—	—	—	○	○	○	○	○	○	○	○	○
対人表象的行為												
物を用いたふり	—	—	—	—	○	○	○	○	○	○	○	○
人形への有意味的行為	—	—	—	—	—	○	○	○	○	○	○	○

○：出現を示す。—：未出現を示す。
各事例の右側は Time2 の結果を示す。
*4:05 は生活年齢 4 歳 9 か月を示す。

察（以下，Time1）から 6～7 か月後の第 2 回目の調査・観察（以下，Time2）を行った。(Time1 → Time2) によって Time2 で CDI における表出語彙数が増加した事例 3 と事例 4 においては，家庭での認知・遊びの発達について，小山（2020）で抽出されている 5 因子のうち信頼性の高い 4 因子のなかで，第 II 因子「人の行為・経験の表象化とその計画性」の加算平均得点が増加していた（表 10-2）。「人の行為・経験の表象化とその計画性」の加算平均得点は，有意味語未出現の事例，Time1 で表出語 100 語段階にあった事例では著しい増加は見られていなかった（小山，2020b）。

　物での遊び場面における観察結果の，各事例の子どもと筆者との 1 対 1 での物での遊びの分析結果を見ると，Time2 において有意味語が未出現の事例 1 と事例 2 では，感覚運動的シェマの種類数（異なり）は，増加していた。これらの事例では，感覚運動的なループが見られた。表出語彙数が Time2 において急速に増加した事例 3 と事例 4 においては，Time2 において感覚運動的シェマの種類数（異なり），その協応数（タイプ）は著しく増加していなかった。表出語彙数が 100 語段階にある事例 5 と事例 6 では，感覚運動的シェマの種類数（異なり）とその協応数（タイプ）に増減があり，不安定性が見られた。

　感覚運動的シェマ（異なり）と感覚運動的シェマの協応（タイプ）の発達は，非線形的発達を示し，ドドリコら（2001）の表出語彙数 100 語段階までは，複雑である。本研究の結果から，知的発達症を背景にもつ ASD の事例においては，感覚運動的シェマと感覚運動的シェマの協応の発達と表出語彙獲得におけるスピードアップと関連することが示唆された。

　有意味語が未出現の事例においては，空間的操作に個人差が見られた。これらの事例では，物でのふりや人形への有意味的操作は観察されなかった。表出語数が増加した事例 3 と事例 4 では，空間的操作において定着していない不安定さが見られ，物でのふりや人形への有意味的行為が観察され始めた。表出語数が 100 語段階にある事例 5 と事例 6 では，空間的操作において，不安定さが見られ，物でのふりや人形への有意味的行為は安定していた。

　CDI「語と文法」の表出語彙数 100〜150 語の水準で，語獲得ペースが緩慢になるケースがある。その要因として，空間的操作における対象の配置や経路の予測，家庭での人の行為・経験の表象化の発達が示唆された。特にこれらの変数は，領域関連的に変化し，表出語彙の増加につながっていると考えられた。

　スピードアップは，他の領域の発達と関連するとともに，知的発達症が背景にある ASD をもつ子どもの場合，それぞれの空間的操作や人の行為・経験の表象化に見られる非定型性との関連性が示唆され，空間的操作や人の行為・経験の表象化は，表出語彙増加におけるスピードアップへの統制パラメータとなるとも考えられる。また，本研究結果からも，不安定さや感覚運動的シェマ数などの量的発達と速度との関係を見ていくことが重要であることが示唆され，統制パラメータはケースと時期によって異なることから，スピードアップと関

連していると考えられる。

10.3　基盤主義──発達の基盤，前提をどのように考えるか

　ピアジェの発達論は，感覚運動期の末期に表象が出現し，後の段階は次の段階を含むというものである。また，思春期以降，形式的操作が可能になっても感覚運動的活動が見られなくなるわけではない。そのような意味で「基盤」ということばがよく使われている。もちろん，そこには子どもがおかれている状況が関係している。

　例えば，筆者が，知的発達症をもつ就学前の子どもの対物行動と表出言語との発達的関連性について検討した結果，物の操作であるものを別のものに見立てることが観察されても，感覚運動的シェマによる機能的な関連づけが見られる事例があった（小山，2020b）。そこでは前の段階の発達との競合も考えられる。この点は，非定型性として現れる面からの検討も必要であるが，ピアジェの認識の発達理論によれば，より高次の行為が見られるようになっても前の段階の行為が出現するということの一例として考えられる。

　一方，後の段階は次の段階を含むという観点は，発達にはその「基盤」があることを示唆する。人間発達や発達支援を考えるうえで，発達基盤の検討は重要であろう。その意味で，統制パラメーターの出現は発達的現象といえる。このような発達的現象は定型発達や非定型発達においてどのような発達の時期に見られるのかについての検討が課題としてある。

　ネルソンは，生得主義の立場においても経験主義の立場においても，さらなる学習の基盤を認めており，それを「基盤主義」（foundationalism）と呼んでいる（Nelson, 2013）。その議論のなかで「表象」が問題となっている。生得主義，経験主義のどちらの立場も，ある基盤をベースにして表象の認識は形成されると考えているが，両者のベースの起源や特徴についての仮定は異なるとアレンらは述べている（Allen & Bickhard, 2013）。そして，生得主義の場合，領域固有の生得的機構を動かす学習に限って議論されており，経験主義は，利

用できる構造に焦点を当てているとアレンらは指摘している。今日では，表象的構造は生得的であると考えられ，表象的構造のどのようなタイプと量がそれぞれの立場で異なっているかの検討が課題となっているとアレンらは述べている（Allen & Bickhard, 2013）。

　ゼーレンら（1994）のダイナミック・システムズ・アプローチは，「変化」を問題にしているが，反表象的な立場を支持するとジョンソンは指摘している（Johnson, 2021）。ジョンソンの指摘からも，ダイナミック・システムズ・アプローチを適用していく場合，システムの構成要素（変数）に「表象化」に関わるものを含めて検討する必要がある（小山，2015a, 2018c）。

　子どもの発達のスピードアップを考える場合に，どのような発達的基盤（fundamental development）があって新たな行為が見られてくるのかを検討するのは，一般にいわれる「発達の順序性」や「発達段階」の見方をさらに進めたものである。スピードアップとスローな発達に注目することによって，発達理解が深まるといえる。「基盤」という場合，すでに完成した発達のうえに新たな発達が加わってくるということである。ネルソンは，その過程に現実の表象の形成を認める発達理論が必要であると述べていると考えられる（Nelson, 2013）。また，スピードアップの基盤を検討する場合にスピードアップする前の時期の量的発達（豊かさ）との関連を明らかにしていくことが大切であり，さらに，変化に向けた基盤という点において表象の発達に注目していくことは発達支援において欠かせない観点であると，ネルソンらの指摘からもいえるであろう（Nelson, 2013; Allen & Bickhard, 2013）。先に述べた，知的発達症をもつ就学前の子どもの対物行動と表出言語との発達的関連性について筆者が検討した結果からもまた，ネルソンのいう表象の発達に着目した基盤主義は支持されるものではないかと考えられる。

10.4　スローとファーストをめぐって

　スピードアップに注目する一方で，明らかになってきた点は，すでに述べた

表 10-3　表出語彙数 50 語あたりで見られる諸発達

運動	手すりで登降，両足跳び
認知	形態認知 カテゴリー化 空間把握 見立て 対象の移動の軌跡を捉えること
社会・コミュニケーション	指さし・伝達機能の広がり 情動の表現 絵カードへの命名

ように発達のスピードに見られるスローなフェーズへの注目である。スローなフェーズは，スピードアップする前の豊かさの形成を示しているとともに，スピードアップに向けての条件が整うために必要な時間を示していると考えられる。したがって，スローなフェーズとスピードアップのフェーズにおいては，先にふれた不安定性と安定性が見られることを考える必要があろう。

　図 10-1 が示している表出語彙獲得がスローなペースである初期の時期には，語の範化が見られ，語で表現される意味の広がりが見られる。知的発達症をもつ事例のなかにはその期間が長いケースも見られる。その後，定型発達 [1] では，表出語彙数 50 語を超える前後で新しい表出語が急増し，表出語彙獲得にスピードアップが見られる。表出語彙数 50 語に至るあたりに見られる他領域の発達について，クラークやサックストンが示している。クラークらの知見や筆者の知見をまとめて示したものが表 10-3 である。

　同じ頃，運動では，階段を登ることや両足跳びが可能になる。認知の領域では，カテゴリー化，丸，三角，四角などの形態がマッチングできる形態認知，言語と象徴機能の発達の遊びにおける現れである見立て遊び，積木を重ねていくことに見られる空間認知，はめ板の回転が可能になる可逆性など，多くの点での変化が見られる。サックストンは社会的認知の情動面に注目し，自己認知の発達とともに軽蔑や罪悪感の表現が現れることを挙げている（Saxton, 2016）。言語理解においては，クラークが，簡単な指示に従えることや簡単な質問に答えることができるようになることを挙げている（Clark, 2017）。この時期の身振りの発達も語彙獲得を促進する（小山, 2015c; Koyama, 2017）。さ

らには，家庭における認知・遊びの発達においても，人の経験の表象化や物での構成遊びが見られる。

　表 10-1 からいえることは，表出語彙獲得におけるスピードアップとスローな現象は，さまざまな領域でのスピードアップとスローな速度との発達的関連性が考えられることである。それをふまえて，「領域関連」（domain-relevant）の観点から検討することが必要である（Filippi & Karmiloff-Smith, 2013）。同時期に変化が見られる行動を特定していくことが，例えば，初期の表出語彙獲得におけるスピードアップを検討する際には必要になってくる。

　ピアジェ理論からは，前言語期の感覚運動的な認知発達を基盤に初期言語学習が始まると考えられる。感覚運動期の認知発達と言語獲得との関連を検討することによって，知的発達症やそれを背景にもつ自閉スペクトラム症をもつ子どものへの言語発達支援を進めていくうえにおいての示唆が得られると筆者は考えてきた（小山，2020b，2022c）。また，前言語期の発達は，後の言語獲得期の発達における非定型性や柔軟性との関連が示唆され，運動や身体性と関連することも考えられる（Alcock & Connor, 2021）。

　スピードアップに注目することによって，統制パラメーターの出現に関わる構成要素の創発や，相乗作用，そしてその基盤になっている発達について明らかにでき，発達の機能連関性の解明につながるものと思われる。さらに，多様化から統合，統合から多様化に至ると考えると，スピードアップに関しても多様化が関連しているといえよう。

第11章

発達理論と
発達臨床

11.1　ピアジェ理論と発達臨床

「発達と教育」「発達と保育」と語られるようになって久しいが，乳幼児期，学齢期，思春期・青年期だけでなく，成人期以降においても人の行動を発達的に理解・考察することは重要である。その意味で発達理論と発達臨床との検討は，今日の発達心理学においては，いっそう重要なテーマになってきている。また，障がいをもつ子どもの療育においても，理論的な検討のもとにアセスメントや支援を進めていくことは重要である。しかし，ある理論を機械的に適用していくことには限界がある。

ピアジェの理論は，幼児教育や学校教育において適用されてきた。その功績は明確である（Hameline, Dasen, Marin, & Platteaux, 1996）。しかし，アムリンらは，以下のように述べている。

　　教室における教師は，彼が普通学校で確証を得ている〈ピアジェの発達段階（stages piagéntiens）〉の優れた知識のおかげで，生徒たちの年齢から彼らの知的能力を推測することができるだろうし，また彼らに彼らの指導法を適合させることができるだろう。多くの〈教育心理学者（psychopédagogues）〉はこの〈脅威（miracle）〉の可能性を信じてきた。困ったことには，ピアジェはいかなるときもそれを信じてこなかった。（Hameline, Dasen, Marin, & Platteaux, 1996, 邦訳書 142 頁）。

　ピアジェの関心は，アムリンらが指摘しているように，教授方法の改善ではなく，「どのように知識が人間において構築されるかを発見することである」（Hameline, Dasen, Marin, & Platteaux, 1996, 邦訳書 142 頁）。

　発達支援は，個々の事例をよく観察することから始まる。ピアジェの観察の視点は卓越したものであり，彼の視点を援用するだけでも私たちの子ども理解は深まるといえよう。また，ピアジェの観察とその視点は，障がいをもつ子どもに見られる非定型の発達的軌跡を理解したうえでの発達支援にも有効であろう。しかし，アムリンらの指摘にある，「ピアジェはいかなるときもそれを信じてこなかった」ことを，私たち子どもに関わるものは頭においておかねばならないだろう。発達理論を発達臨床に適用することに問題があるのではない。理論を参考にしながらも，個々の事例における認識の発達プロセスに注目して援助の方法を模索することの必要性を，ピアジェは教えてくれているのではないかと考えられる。

　ピアジェ理論から発達臨床を考えるうえで，ピアジェは認識の発達について追究したことが注目される。ミラーによると，論理は対象（物）の意味から生じ，子どもの行為から発達するとピアジェは考えたと述べている（Miller, 2016）。個々の行動の意味を明らかにし，その変化を見ることにピアジェの観察例は参考となる。それは，感覚運動的活動の意味の理解につながる。例えば，障がいをもつ子どものこだわりと呼ばれる行動や儀式的活動の理解と支援につながる。さらに，ピアジェ理論は，環境との関わりで認識の発達は変化するという視点を提示し，それは今日の非定型性や発達障がいの発達的理解にもつながっている。

　ピアジェ理論に対する批判としては，ピアジェは子どもと物との関係を中心に見ており，認識の発達における対人的文脈の問題があるという指摘がなされてきた。例えば，ピアジェの有名な視点取得課題である「三つ山実験」（図11-1）は，就学前の子どもには難しすぎると指摘されてきた。しかし，図11-2 のように，「人間的な意味」を加えると，定型発達の3歳の子どもにおいても視点取得が可能であることが明らかにされている。このような結果からもピアジェ理論は，認知発達と他者認識の発達の関連性を改めて私たちに考えさせたといえる。そして，その観点からの資料が集積され，それらの研究結果は，

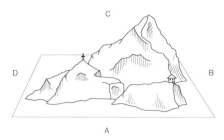

図11-1　ピアジェの三つ山実験（出所）Butterworth & Harris（1994）p. 166，訳書 p. 204

　　B，C，D，それぞれの位置に1つの人形を置き，人形からの見え方を
　　子どもが想像し，写真を1枚選択する。

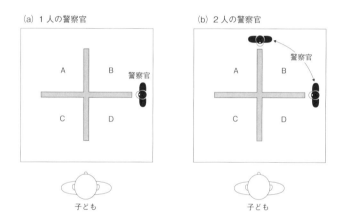

ヒューズの視点取得に関する課題。警察官と少年の人形を用いて警察官から少年が見える
かどうかを考える。人間的な意味を入れると，1体だけの警察官の人形の場合は3歳半で
90%の子どもが理解可能になる。

図11-2　少年の人形を隠すゲーム：警察官の人形から見えるのは？
（出所）Butterworth & Harris（1994）p. 170，訳書 p. 209

発達臨床における人の役割，さらにいえば，人との表象の共有の意義と早期から
らの対人的表象の形成の問題を示唆していると考えられる。教育・保育的には，
私たちと子どもとの間での「意味あるもの」の形成にある（小山，2009）。「人
によって」ということになろう。

　学校教育の対象となる時期からは，保存や系列化といった論理的操作が発達
する。この時期の推論には，ワーキングメモリや実行機能の発達が関連してい

る（Harris & Westermann, 2015）。複雑な情報操作と保持が要求されるので，学校教育ではそのサポートが必要となる。また，この時期は読み書き能力が発達するが，読み書きの発達支援においては，文を生産し，解読するという思考の発達の観点が重要であろう。

　学校教育の対象となり，集団・仲間のなかでの他者認識がいっそう進む時期には，周囲の価値への感受性も高まる。外見的特徴や具体的行為を超えて，性格や能力といった人格的特徴を認識することが発達する。それぞれの育ちのなかで，共通性と異質性を認識したうえで共に育ち，個々の子どもが主体的に学ぶことのできる学校が必要とされている（村井・小山・神土，1999）。

　発達障がいをもつ事例では，他者認識の発達と，他者の意図を表象するような対人スキルにおける柔軟性が関わって，仲間関係の形成において不安定性を示す時期もある。周囲の大人の言語的説明が子どもの安定につながることもある。こうした時期は，安定した人間関係のなかでの安定化が大切となる。また，学齢期の対人認識においては，認知発達と人に対する認識が相互に影響を与え合うと矢野（1987）は指摘している。

　ピアジェは，「情意性は諸行動のエネルギー的側面である」と述べ，「その行動の諸構造に対応するのが認知的諸機能である」と指摘している（Piaget & Inhelder, 1962, 邦訳書 116 頁）。この点については臨床的にも検討を要するが，ピアジェは，「認知面と情意ないし社会面の発達の不可分的で平行的な性格」を指摘している（Piaget & Inhelder, 1966, 邦訳書 119 頁）。

　筆者は，認識の発達，ピアジェの理論でいう抽象的な思考ができるということからの見方も，特に青年期以降の臨床においては重要ではないかと考えてきた。ピアジェの「青年はもろもろの理論を構成できる」という指摘（Piaget & Inhelder, 1962, 邦訳書 152 頁）は，多面的な見方や判断停止ができるという点で重要である。近年では，青年期以降，認知の変化は徐々に生じ，また後期青年期においても認知における変化が生じていることが指摘され，ピアジェ理論からの検討もなされている（Harris & Westermann, 2015）。それらの研究を概観し，ハリスらは，青年期以降の臨床においても，認識・認知の変化と感情への反応の相互作用への着目が重要であることを指摘している（Harris & Westermann, 2015）。

11.2　発達の最近接領域

　一方，ピアジェと同時代のヴィゴツキーは，彼の理論の一つのキー概念である「発達の最近接領域」（zone of proximal development）を示した。ヴィゴツキーもピアジェと同様に構成主義者として位置づけられている。ピアジェが「認識する子ども」として捉えたのに対し，ジトゥンによれば，ヴィゴツキーは，外界に関わる過程で行為や意味の新たな方法を身につけ人となっていくという意味で，「経験する子ども」として捉えているとよくいわれる（Zittoun, 2021）。今日の発達理論のなかで，ヴィゴツキーの理論は社会的な相互交渉に焦点を当てているともいえる。ヴィゴツキーは，文化的文脈において活動する子どもはさまざまな認知技能や意味のシステムを構成し，目的や価値，動機づけは認知活動と分けられるものではなく，発達の方向性はその文化の目的によると考えた（Miller, 2016）。

　人は，話しことばを媒介とした社会的活動に参加する。そして，他者によって自分に適用された同一の行動の形を，他者の行動に影響を与えるように用いるようになる。そのようにして，社会的活動の手段とその体制化は，個人の中で内面化されていく（Minick, 2017）。

　なかでもヴィゴツキーの「発達の最近接領域」は，障がいをもつ子どものアセスメントや支援に重要な示唆を与えている。ハリスは，子どもの言語発達過程において，より社会的な過程に注目し，ヴィゴツキーの理論を紹介している（Harris, 1990）。思考や記憶，推理といった高次の精神活動は，人との間で形成され（ヴィゴツキーは「精神間」（inter-mental）の水準とした），後に「個人内」（intra-mental）で確立される。言語に関していえば，まずは子どもが効果的な伝達者となれるように援助し，社会的・心理的サポートとなる大人との関わりの手段として言語は学習される。そして，次第に子どもは行為や発声の重要性に気づくようになる。これらの過程は，思いやりのある大人との共同を通してなされるとハリスは述べている（Harris, 1990）。このような過程をヴィゴツキーは「発達の最近接領域」と呼んだ（Vygotsky, 1978）。問題解決において，援助なしに子どもが達成できることと，大人や他の子どもの援助があれ

ば達成できることとの差であると，「発達の最近接領域」は定義できる。「発達の最近接領域」は教育において最大の効果をもたらす範囲であるとヴィゴツキーは考えた。

　柴田（2006）は，「発達の最近接領域は，すでに成熟した機能，発達のすでに完了した機能ではなく，いままさに成熟せんとしつつある機能を明らかにするものです。したがって，それは，子どもの『明日の発達水準』を示すものでもあります」と述べている（柴田，2006, 26頁）。村井（1987a）は，障がいをもつ子どもへの支援に関して，現在の子どもの能力よりも簡単な課題が与えられていたり，また逆に難しすぎる課題が与えられている場合があると指摘している。ヴィゴツキーの「発達の最近接領域」からの見方は，障がいをもつ子どもの発達臨床におけるアセスメントや支援において基本であるといえる。

　さらに，ヴィゴツキーは，発達における安定期と「危機的年齢の時期」という捉え方を示し，危機的な年齢として新生児，1歳，3歳，7歳，13歳を指摘している（柴田，2006）。柴田（2006）は，「危機的年齢の時期」について，子どもはその時期に教育的困難性が現れると述べている。植田（1995）は，在宅の重症心身障がい児の死亡事例の分析結果における死亡までの経過から，関与する要因には多くの局面と多くの因子が働いていることを指摘する。そして，重症心身障がい児にとっての生命の危機的年齢が，精神発達における質的転換期に相当することも指摘している（植田，1995）。この点については，今後，さらに臨床的検討が必要なテーマである。

11.3　発達における足場作り

　ブルーナーは，ヴィゴツキー同様に，子どもの発達の社会文化的側面に焦点を当て，発達臨床では，特にわが国の言語発達支援において理論的に大きな影響を与えてきた。ブルーナーは，言語学習において，乳児期の大人と子どものやりとり行動（give and take game）などの「共同活動」（joint activity）に注目し，チョムスキーの「言語獲得装置」（Language Acquisition System: LAD）

に対して，LAD だけでは子どもの言語獲得は進まないとした。ブルーナーは，
「言語獲得援助システム」（Language Acquisition Support System: LASS）を
提唱し，言語学習に向けて，身近な大人の「足場作り」（scaffolding）が必要
であり，そのなかで大人は子どもにとって調整された入力を与え，文化を手渡
しているとした（手渡し原理）。

　ブルーナーのこの理論は，語用論とも結びついて，わが国では今日も障がい
をもつ子どもの言語指導・訓練に大きな影響を与えているといえる。「共同」
（joint）ということばを乳児期の発達において用いたのは，ブルーナーである
（Bruner, 1983）。

　ハリスらは，言語発達に関する理論を，「内側から外への理論」と「外側か
ら内への理論」に分けている（Harris & Westermann, 2015）。ハリスらは，
チョムスキーの理論は「内側から外への理論」にあたり，生得的で領域固有性
が高いと述べている。それに対して，「外側から内への理論」は領域普遍的で，
社会的，認知的発達を重視する（Harris & Westermann, 2015）。ブルーナーの
理論は「外側から内への理論」に入るが，ブルーナーは，「言語の形態や統語
の側面は社会的ルーティンには映し出されないので，これらの側面の学習のた
めの文脈を社会的ルーティンは与えていない」と後に述べていると，ハリスら
は指摘している（Harris & Westermann, 2015, 邦訳書 137 頁）。ブルーナーは，
前言語期において，英語の基本文型とされる 5 文型の基本構造を動作的に捉え
ているとしている（Bruner, 1983）。この点は発達の連続性を考えるうえにお
いても非常に興味深い。例えば，S（主語）＋ V（動詞）＋ O（目的語）の構
造は，ボールの転がし合いのようなやりとりの過程で動作主（S），行為（V），
行為の受け手（O）といったことが捉えられた後に，言語的に表現されてくる
という仮説である。この点は今後さらに検討せねばならないが，前言語期にあ
る子どもの支援においても参考になるといえよう。

11.4 自己化から主体的な生産活動についての理論的検討の必要性

　支援においては，人の心がいかに内的に体制化されていくかといった視点が重要である。筆者はその過程を「自己化」「内面化」と呼んできた。言語発達支援においては，象徴化の発達，共同的な経験・体験の広がり，そのなかでの対人的表象の形成とその共有が，他者の意図・心的状態の理解につながり，子どもに自己化され，内面化されていくことが重要である。その点については，筆者らは臨床的に事例を通して確認している（小山・神土，2004）。また，障がいをもつ事例では，音韻発達にも象徴化や表象の形成の発達との相乗作用があることが明らかになってきた（小山，2015a）。象徴化の発達，共同的な経験・体験の広がり，そのなかでの対人的表象の形成とその共有が，他者の意図・心的状態の理解につながり，子どもに自己化され，内面化されていく発達と，後の思考や読み・書きに見られる主体的な生産活動との関連性を明らかにしていく必要がある。

　さらに，何らかの療育方法に即して発達支援を進めていく場合には，効果の安定性が問題となる。その場合に，安定性のバリエーションの評価も必要である。ブルーナーとヴィゴツキーの理論に加えて，自己化から主体的な生産活動についての理論的検討が必要である。

11.5 養育者への支援

　伝統的な生活を送るアフリカのバカの集落での調査において，母親や親以外の養育者であるアロペアレントは，子どもに定頸が見られる頃から，足場作りを行っていることが観察された（Koyama, 2014b; 小山，2018b）。マッキューンも，養育者と子どもとの象徴遊びのなかでの表象の共有を重視している（McCune, 2008）。

　発達臨床においては，「経験」が一つのキーワードとして語られることが多

い。発達につながる経験の中身を吟味していかねばならない。そのなかで，子どもの側から見た養育者との表象の共有は発達的意味をもつと考えられる。また，経験に注目すると，タイミングや量の問題も重要である。養育者への支援に向けて今後の発達研究においては，その点に関連した資料を集積していく必要があろう。

　今日，養育者への支援のなかで重要と考えられるのは，発達障がいの理解であろう。養育者自身や養育者の親戚が発達障がいの診断を受け，子どもに気になる行動が見られると，子どもにも発達障がいがあるのではないかと不安をもつ親は多い。この点については，遺伝についての一般的理解がまだ十分でないことによるところが大きい。遺伝を固定的に捉えるのではなく，神経構成主義の立場から，神経発達症の遺伝や遺伝子における変化についての臨床的資料を集積することが養育者への支援においてもいっそう重要になってきている。

第12章

グッド・ディベロ
ップメントとは

12.1　その時期の充実

　これまでの章で見てきたように，発達には子どもが育つ文化や社会における
価値が大きく影響している。ヴィゴツキーはまさにその点を重視したといえる。
ピアジェは認識の発達を達成し，感覚運動的認識から抽象的思考に至ることに
価値をおいた。ピアジェは個における認識の構築過程を重視したともいえる。

　本章のテーマである，より良い発達，充実した発達という意味での「グッ
ド・ディベロップメント」は，あるスキルや能力が期待される年齢に獲得され
るもの，あるいは定型発達のことではないかと考える人もいるかもしれない。
「グッド・ディベロップメント」の捉え方には，個人とその人を取り巻く人々，
社会における価値の問題が関連し，当然，ケースによって異なる。そのような
ことから，その時期，その時期の生活のなかでの充実ということが大切になっ
てくる。村井（1970）の発達論においても，人の発達について，その時期，そ
の時期の充実ということに価値がおかれている。欧米の発達研究において，
「日常生活における」をキーワードにして発達に注目した研究が見られること
も，その現れではないかと考えられる。また，障がいをもつ子どもを育ててい
る養育者は，時期，時期に「この子なりに着実に成長していると思います」と
話されることが多いが，その「着実に」ということばにその子どもの「グッ
ド・ディベロップメント」が現れている。

　また，村井（1970, 1980）は，文化や社会の影響を受けながらも「自己の世

界を構築する方向」としての過程（村井は「個性化」と呼んだ）と個性化を伴わない「社会化」の過程が統一されることを指摘する。村井（1970, 1980）の発達論を普遍化すると，自己化（内面化）の発達と社会化の発達に加え，それらの発達のための認識能力の発達が注目される。さらに，社会化の過程に関して，「関わるものの変化・変容」がある。発達の理論は，生活世界における関係性のなかでのそれぞれの変化と個の変化を問題にしていかねばならない。

　1980年代に言語指導法として日本に導入された「インリアル」（Inter REActive Learning and Communication）は，アメリカのコロラド大学で開発され，ベイツ（1979）らの当時の語用論，言語心理学，前言語期の発達などの発達心理学の知見を生かした指導法である。ことば以外のコミュニケーション，前言語的伝達にも注目し，ことば以外の非言語的コミュニケーション手段（指さし，視線など）にも着目するものである。そこで重視されているのは，コミュニケーションから言語へということである。注目すべきは，それまでのアメリカの言語指導法にはなかった「関わるものが変わる」という点である。大人が子どもの伝達意図をうまく理解し，子どもにコミュニケーションの充実感・成功感を味わわせる。大人のコミュニケーション感度を向上させる。関わるものが変わることによって，子どものコミュニケーションのとり方が変容し，ことばによる伝達へと変化することをめざしている（竹田・里見, 1994）。また，子どもの能動性，子どもからのコミュニケーションの開始，遊びをベースにして進めることなど，言語指導に限らない，発達支援の基本が盛り込まれている。そういう意味で筆者は，「発達支援のベース」としてインリアル法を大学の授業などにおいても紹介してきた。インリアルは，関係性のなかでそれぞれ変化と個の変化を問題にし，子どもの「グッド・ランゲージ・ディベロップメント」を志向した指導法の一つといえるであろう。

12.2　言語発達支援をめぐって──グッド・ランゲージ・ディベロップメント

　人間発達において言語の問題は重要である。また，その発達支援ではさらに

深い問題である。今日の言語指導プログラムでは「通じる」ことが重視されている。筆者らも，子どもの側から見て「通じる，通じた」ことを臨床において重視してきた（小山・神土，2004）。子どもの「通じた，わかってもらった」という体験は，グッド・ランゲージ・ディベロップメントの要件ともいえる。

SCIP（Social Communication Intervention Program）は，英国マンチェスター大学のアダムスらによって考案・実践されている言語指導プログラムである（Adams & Gaile, 2014）。アダムスは，安定性について，言語訓練の効果が一定持続しているという点を考えている。安定性との関連では図 12-1 のように，あるフェーズでの安定性がつぎのフェーズでのグッド・ランゲージ・ディベロップメントにつながっていくと考えられる。例えば，語彙発達の良さは，後の文法の発達と関連する。アダムスらは，安定性を測定する際に，言語発達の諸側面を測定するテストを用いている（Adams, 2015）。

SCIP は，6 歳から 11 歳の学齢期の語用や構造的な言語に障がいを示し，その結果として社会的なコミュニケーションに障がいが生じる「社会的（語用論的）コミュニケーション症: SCD」（Social Communication Disorder）の事例を対象とする。SCIP は，理論的には，表 12-1 に示すような原理に基づいている。高機能自閉症といわれる事例などでは，SCD が併存することもある。SCIP は，SCD の事例だけではなく，インリアル同様，就学前から学齢期の言語発達障がいをもつ事例への言語発達支援のベースとなるものであろう。

フェーズ 1 では，理解のモニタリングや，メタ語用的知識のような基礎となる社会的コミュニケーションの実践ができるように考えられている（Adams, 2015）。そして，フェーズ 2 では，個々の事例のニーズに対応した社会的コ

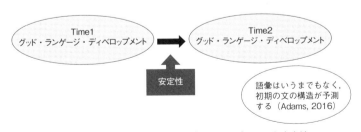

図 12-1　グッド・ランゲージ・ディベロップメントと安定性

表 12-1　SCIP における原理（出所）Adams（2016）p. 159, 著者翻訳

原理	記述
適用	社会的交渉を損なわないコミュニケーション方略の発達，適用，実践。
言語的サポート	構造化された実践によって言語処理のいくつかの側面を強化する。また，言語的課題において自信と流暢さを構築する。
環境的修正	社会的交渉において言語の解釈をサポートするため言語環境を修正する。
メタ語用的学習	学齢児に適切なメタ認知的方法によって語用的協約を促進する。
社会的文脈での般化	個々の社会的ニーズを言語指導と語用的セラピーに取り入れる。

ミュニケーション，語用能力，言語的ニーズが考えられ，指導者や養育者との治療的活動を進める。最終段階のフェーズ３では，治療の文脈を超えて，仲間や指導スタッフとの個人的な活動へと進める。

　語用能力は，対人的な状況で話しことばを適切に，効果的に，規則に基づいて使用することであると，ハワ-フロエリッチはニニオとスノウらの定義（Ninio & Snow, 1996）を援用して述べている（Hwa-Froelich, 2015）。

　また，アダムスは，語用能力は創発的であるという興味深い指摘をしている。図 12-2 に示すように，言語の形式的な発達においては，社会的認知の発達と関連し，経験（言語経験も含む）を介在することで，語用における創発が見られるのかもしれない。アダムスらは，図 12-2 のモデルに基づき，TOPICC（Targeted Observation of Pragmatics in Children's Conversation）（Adams, Lockton, Gaile, & Freed, 2011; Adams, 2015）によるアセスメントに従って支援を進めている。

　言語発達と，子どもの日常生活における遊びとそのなかでの認知発達とは，関連性が見られる。アダムスら（Adams, Lockton, Gaile, & Freed, 2011; Adams, 2015）による語用に着目した言語発達支援においても，遊びのなかでの認知発達といった観点を含めていくことが必要であろう。グッド・ランゲージ・ディベロップメントを考えるにあたり，日常の子どもの生活における認知発達と言語発達との関連性を検討し，保護者支援につなげていくための資料もまた必要である。筆者は，第 10 章でも紹介した家庭での子どもの遊びと認知発達に関する資料を集積してきた。養育者記入による質問紙への回答の因子分析結果から得られた５因子は，第Ⅰ因子「他者理解・好奇心」，第Ⅱ因子「人

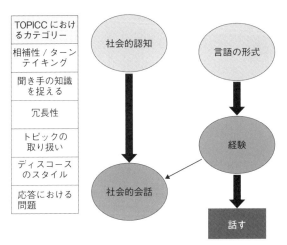

図 12-2　言語の形式的な発達は社会的認知の発達との関連
(出所) Adams（2016）より著者作成

の行為・経験の表象化とその計画性」，第Ⅲ因子「物での構成遊び」，第Ⅳ因子「空間理解」，第Ⅴ因子「ふり」について，である。それらについて，定型発達の子どもの生後24か月に注目し，生後18か月から24か月群と生後25か月から36か月群との2群に分け，信頼性が高いと考えられた第Ⅰ因子から第Ⅳ因子の加算平均得点と「日本語版CDI・語と文法」からの言語変数との月齢を統制し，偏相関分析した。その結果，生後18か月から24か月群では，第Ⅱ因子と「文の複雑さ」を除く他の全ての言語変数との間に比較的強い相関が見られた。生後25か月から36か月群においては，第Ⅱ因子と「助詞」「助動詞」「文の複雑さ」との間に比較的強い相関が見られた。家庭での遊びや認知発達のなかでも，人の行為・経験や役割の表象化と遊びでの計画性が，初期言語学習と関連していることが示唆された（小山，2020c）。

　小山（2020c）の研究結果から，家庭での遊びや認知発達は，表出語彙や初期文法発達の言語発達と関連することがわかった。特に家庭での人の行為・経験や役割の表象化や，遊びのなかでの実行機能に向けた発達との関連が示唆される。日常の家庭生活におけるこれらの認知発達に注目していくことは，ことばの遅れた事例への表出語や初期の統語の発達支援に有効ではないかと考えられる。今後，さらにその点とともに，語用能力との関連も検討していきたい。

12.3　子どもの発達を実現させる経験とは

　人間の行動を発達的観点から問題にしようとするとき，村井（1999）の指摘にあるように，時間的統一体として人間を把握する，時間的経過のなかで発達的意味を考えることが大切になる。人の発達は連続性と非連続性を含む。早期教育，早期療育の立場は，初期経験の遠隔効果，すなわち早期からの対応が後の発達へ時間をおいて影響すると考えており，発達における連続性を前提にしてきたといえる。それに加え，これまで本書で検討してきたように，ある要素が「創発」されるとき，それまで存在していた要素との連関性や要素間の相互作用とそのタイミングを検討することが，非連続性を考えるうえで重要となる。

　心理学では，行動は，「刺激（S）」とそれへの「反応（R）」という形で捉えられることもあるが，やはり，内的世界を大切にしなければならない。障がいのある子どもの教育，療育の場では，「刺激を与える」ということばをよく耳にしてきたが，発達というのは時間的経過のなかで「意味的な捉え直し」が行われていくことだと考えると，やはり，発達には時間を要する。

　例えば，第10章の表10-1にある知的発達症をもつ事例の家庭での認知・遊びの発達において見られる安定化のプロセスは，そのことを示しているといえよう。また，心理学は経験の学問ともいえるが，表10-1を見ると，「子どもの発達を実現させる経験ということがどういうことか」を考えさせられる。安定性や不安定性に着目しながら，個々の障がいをもつ子どもにとっての経験，刺激といったものが何であるのかということを明らかにしていくことが，これからの発達研究で必要ではないかと考えられる。そのように考えるとき，ピアジェの発達理論は，経験の過程での抽象化や概括化といった観点を提示しており，教育・保育において重要ではないかと思われる。

　また，「子どもにとっての意味」を考える視点は外せない（小山，2009）。「発達には時間を要する」といった場合，「自己化」という点に筆者は注目してきた。そこには，主観的経験が関わる。その点について，哲学者のチャーマーズ（2020）は，「内在的で質的な意識」「一人称の意識経験」という表現を用いて，基礎的で簡略化できないものとして捉える必要性を説いている。

　上野（1980）は，「たえず変化・変容してやまない全体として」人を捉える。上野（1980）は，障がいは意味的世界であることを指摘し，障がいがある・ないの判断基準は難しく，そのため，その類別を医学的診断に拠らざるをえないこと，それによって，「障がいをもつ人々の生きるリアリティーにマッチするか否かの吟味もないまま」類型に結び付けられていくことを危惧している（上野，1980, 91-92頁）。さらに，上野（1980）は，重い障がいをもつ事例に関して，「われわれが思い込んでいるよりもはるかに人間的生を生きていることに気づかれよう」とも述べている（上野，1980, 93頁）。

　子どもの発達を実現させる経験というのはどういうことなのか，そして「発達のプロセスを見ていく」ということはどういうことなのかを改めて考える過程で，村井（1972）が可塑性に富む時期であると指摘している乳幼児期からの早期教育・療育やそれ以降の教育で大切にしなければならないことも浮かび上がってくるといえる。

12.4　自立について

　どの養育者も子育てのなかで，子どもの発達過程のどこかで子どもの自立について考えるであろう。また，思春期・青年期には，仲間関係や教育環境，キャリアにおける「移行」を経験し（Crafter, Maunder, & Soulsby, 2019），子ども自らも自立について考えるであろう。以前に恩師の村井潤一先生と「自立」について考えているとき，「発達的自立」ということを聞いた（村井・小山，1995）。

　自立は，経済的自立，職業的自立，身辺的自立，社会的自立など，さまざまな観点から検討できる。それに加えて「発達的自立」という観点が重要である。村井（2007）は，「依存があっての自立で，自立は孤立でない」ことを前提として，以下のように述べている。

　「自立性の成立は他者を自己の生き方の中に取り込んでいく，あるいは取り込む力をつけていくことといえるのである。自立ということばにはプロセスと

しての発達的自立の意味が含まれる」（村井・小山，1995, 94-95 頁）。クラフターら（2019）が人の発達において着目しているライフコースにおける「移行」に伴い，経験する自己の再定義づけは「発達的自立」につながっていくものであろう。

12.5　親子関係と自立

　現代では，発達の過程でさまざまな親子の形があることを筆者は指摘した（村井・小山・神土，1999; 小山，2006）。親子のシンクロニーもグッド・ディベロップメントの一つと考えられる。親子のシンクロニーから子は自立していくのかもしれない。しかし，そこでは，エリクソンのいう基本的信頼感の形成が重要となる。基本的信頼に関しては，子どもの側から見た「信頼」が指摘されるが，養育者の側から見れば，養育者としての自分自身への信頼と養育という役割における意味深さに信頼をおくことであると，ミラーは述べている（Miller, 2016）。エリクソンの理論から，子どもを育てていく過程で大切なことは，まず，人に対しての基本的信頼感をもてるということだといえる。子どもの成長過程のなかで，安心して非常に可愛がられる体験，非常に大事にされる体験というものが，意味をもってくる。身近な人に対する基本的信頼感が育ってきて，それが「核」になっていろんな人との関係に広がり，いろんな知的好奇心やさまざまな学習につながっていくのではないだろうか。筆者はすでに指摘したが（小山，2015d），基本的信頼感の形成は，子どもにとって「通じる」という体験の大切さを知ることと関わる。子どもの思い，わがままや要求を全部受け入れるということではなく，子どもの側から見れば「自分の思いが，他者に通じた，わかってもらえた」という体験である。実際に欲しい物があって，それを与えてもらうことが実現できなくても，自分はこれが欲しかった，こうしたかったという「子どもの思い」が信頼をおく他者に「わかってもらえた」「通じた」ことの積み重ねが，基本的な信頼感の形成につながっていくのではないかと考えられる（小山，2015d）。

　子どもの側に大人に対する「基本的な信頼感」が生じてくるには，関わる大人の応答性が当然大切である。子どもの行為はすべて表現であって，「要求」とか「シグナル」を出している。ことばがない段階の子どもは，視線を向けたり直接的に手を引っ張ったり，泣いたりして，伝達意図を表現する。子どもの「コミュニケーションの意図」から信号を送ってきている。その子どもの「意図」を十分に読み取れなくても，はっきりわからなくても，それに応答することが非常に大切になってくる。エリクソンは晩年，人生9つめの段階を考えていた。その遺稿がまとめられた書に以下のように書いている。

　　90歳を超えても，これらのハードルや喪失を生き抜き，それに対処していかなければならないのだとしても，しかし，人には頼るべき確固とした足場がある。人生の出発点から我々は基本的信頼感という恵みを与えられているからである。(Erikson, J. M., 1997，邦訳書164頁)。

　子どもも他者への基本的信頼を通して，自身への信頼性の基本的な意味を獲得していく (Miller, 2016)。安全基地において，養育者を中心とした他者への基本的信頼の形成が大切にされなければならない。

　また，乳児は生後間もなくから養育者の一貫した反応性や温かな養育行動の過程で，顔や声，匂いを選好することを学習する (Goswami, 2014)。ゴスワミ (2014) は，このような特別な「愛着」(attachment) は，健康な心理的発達において非常に重要であると述べている。愛着は「絆」(bonding) とも呼ばれる。

　人間の発達においてボウルビィは「愛着」に注目した (Bowlby, 1969)。近年の愛着に関する研究では，子どもの愛着と養育者の適切な養育行動に関わる心理・生物学的過程について焦点が当てられてきたと，ミラーは指摘している (Miller, 2016)。ミラーによると，養育行動の質と乳児の愛着，早期の愛着のパターンと，恋愛関係や養育行動といった後の行動との関連について考察されている。そして，遺伝学や脳科学の分野においても愛着についての研究がなされ，生後3〜6か月の自身の子どもの顔を見たときと他の赤ちゃんの顔を見たときの脳のイメージング結果などから，愛着は，遺伝的，生物学的，認知的，

情動的な行動であると考えられている（Miller, 2016）。

　また，愛着の研究は，ストレスへの反応や健康，免疫システム，学業へのレディネス，文化の関係といった方向で進んでいると，ミラーは指摘する。そして，愛着の測定も，従来のエインズワースによる行動観察による愛着スタイルの分類に加えて，社会的な絆（bonding）の形成における神経ホルモン・オキシトシン（neurohormone oxytocin）の役割について検討するような生理学的な尺度が用いられてきている。このような愛着研究では，早期の愛着の様相と後の行動との関連が指摘され，発達の連続性を支持する方向にある。

　しかし，子どもの乳児期の愛着のパターンと，その成人期の愛着のパターンとの連続性・非連続性については行動レベルでの測定から現在や過去の両親との関係について面接における語りによる測定法の課題もあり，検討が重ねられている（Bizzi, Shmueli-Goetz, Castellano, San Martini, & Cavanna, 2021）。そのような研究の積み重ねによって，乳児期以降のそれぞれの時期における例えば愛着の「安定型」と考えられる特徴が明らかにされていくであろう。愛着研究においても「表象」がキーワードの一つとなっているが，愛着のパターンは，エピソードにおける養育者への対人的表象とその書き換えによるものといえるだろう。愛着の安定性は，愛着を向ける対象とその心的表象の形成と関連があるといえよう（Kobak, 1999）。さらに，これまでの研究は母親を中心としたものであるので，父親に対してもその結果が同様に適用できるかは疑問が残ると，ミラーは述べている（Miller, 2016）。

12.6　アイデンティティの形成

　青年期には，社会的ルールや期待に影響を受けながら，自分はどのような人間かを考えたり，考えたい衝動に駆られたりする（Smith, 2016）。過去，現在と未来とを結びつけ，自己とその連続性について考えるアイデンティティ（identity）が確立されていく時期である。

　エリクソンは人生はアイデンティティの探求であると指摘していると，ミ

ラーは述べている（Miller, 2016）。思春期・青年期以降の仲間関係の拡大とその志向により，アイデンティティの形成はまさに発達の連続性と非連続性，安定性・不安定性を含んでいる。また，そこでは，周囲の理解とサポートが必要であるが，スローな発達の意義も示されているのではないかと考えられる。人は無意識にも個々の人格の連続性について探求しているともミラーは指摘する。ミラーは，人生を通して，自己と社会の両者を理解し受け入れることがアイデンティティであると，エリクソンに拠りながら述べている（Miller, 2016）。ミラーの指摘は，先にふれた村井ら（1995）の発達的自立の考え方と一致する。

　自己感は，乳児の身体動作の知覚から始まり，時間をかけて他者との関係を通して形成されていく。アイデンティティの形成には，社会との関係，社会に対する自己の捉え方が影響していると考えられる。アイデンティティの形成は，時間をかけ漸進的になされ，変化していくものでものである。ミラーは，アイデンティはある段階から次の段階に変換されるが，前の段階が後の段階に影響するとも述べている（Miller, 2016）。

　一方，「人生 100 年時代」と謳われるようになり，久しい。グラットンとスコットは，その著書『ライフシフト―― 100 年時代の人生戦略』（邦題）のなかで，「アイデンティティ」「選択」「リスク」は長い人生を考えるうえで中核的な要素になると述べている（Gratton & Scott, 2016, 邦訳書 37 頁）。人生が長くなるほど，「アイデンティティは主体的に築きうるものである」ともグラットンらは述べている（Gratton & Scott, 2016, 邦訳書 38 頁）。人生が長くなり，自己効力感と自己主体感の重要性が増すというグラットンらの指摘は，寿命が長くなってきたこれからの私たちの人生における「非連続性」を示唆しているともいえよう。

12.7　生活年齢の重み

　障がいをもった子どもたちの発達を見ていると，生活年齢の重みを感じることがある。本書でも注目した「強み」にも，ケースによっては生活年齢の重み

が現れてくる。グッド・ディベロップメントといえる発達にも当然関係している。その点をいかに客観的に捉え，また，尺度として構成するかは課題である。

　発達心理学では生活年齢に関連した発達が注目されてきた。生活年齢による変化についての検討は難しい課題で，連続性と非連続性，安定性と不安定性，領域間の連関性が密接に関連している。一方，生活年齢の問題は，脳の発達の観点から資料が集積されている。それらの研究を概観するなかで，レヴィは，脳の発達における経験の役割を強調している（Levy, 2021）。重度の知的発達症と ASD をもつ事例で，特別支援学校高等部終了後，認識やエコラリアが長く続いた事例において，主体的にことばが使用されるようになり，その時期に表出語彙が増加し言語発達に進展が見られた事例を筆者は経験している。これらの事例では，これまでの発達の「基盤」に変化が見られていると考えられ，生活年齢の重みは「基盤主義」から検討できるのではないかと思われる。面接場面で筆者との表象の共有がいっそう進んでいることからも，ネルソンの基盤主義にあるように，「表象」の発達が核になっているといえるのではないかと考えられる（Nelson, 2013）。

　また，生活年齢の重みに関しては，エリクソンらの人生 8 番目の段階に示されているように（Erikson & Erikson, 1998），人生が「統合される」，その人の発達軌跡を丁寧にたどっていくことによって理解できてくることかもしれない。生活年齢の重みという視点は，あらためて，発達理論の構築，そして発達支援において重要であるといえる。

　人が生まれて生きる過程には，安定性と不安定性，そして多様性が見られる。安定性と不安定性，多様性に着目し支援を行うことによって，発達理解が進むといえる。不安定性が見られる時期には周囲の理解が必要とされる。また，多様性についてもまだまだ周囲の理解が必要な段階である。不安定性や多様性への周囲の理解は個人の発達の連続性のなかでの非連続性や不安定性の意味づけにつながると考えられる。

あとがき

　筆者は発達相談などで子どもと接するときに常に「グッド・ディベロップメントとは」ということを考えてきた。この表現自体は，最近，使っているものである。以前は，「着実に育っている」とか「よく育っている」ということばを，発達相談に来られている保護者に子どもの発達の様子を伝える折などに用いていた。ある年，マーガレット・ハリス氏（オックスフォードブルックス大学名誉教授）とのミーティングのために渡英した折，オックスフォードのBroad ストリートにある書店ブラックウェルズで本を探しているときに‘good development’という表現を目にした。以来，機会あるごとにあらためて，「グッド・ディベロップメントとは」と問うようになった。

　「グッド・ディベロップメント」とは，日本語に訳しにくいが，いろいろな意味があり，トータルに子どもの発達を考える奥深いことばである。新型コロナウィルスによるパンデミック以前には，英国で何人かの発達研究者とのミーティングをもたせていただき，ミーティングの終わりに，筆者が「グッド・ディベロップメントとは」と尋ねると，ある発達心理学者は少し考えられた後，「子どもの側から見て通じるということ」と答えてくれた。また，ある発達心理学者は，「ある面では，定型発達であるということかもしれない」と答えてくれた。お二人とも障がいのある子どもに接している研究者であり，その答えに深みがある。

　また，新型コロナウイルスによるパンデミックが起こるまで，2012 年から毎年，Jean Piaget Society に参加・発表するなかで，ピアジェ理論の今日的意義やピアジェ理論から発展したダイナミック・システムズ理論や非定型発達について理解を深めた。

　非定型発達については，資料を集積し，そのプロセスを明らかにしていくことが人の発達を真に理解することにつながるとして，欧米では研究が進められている（Thomas, Mareschal, & Knowland, 2021）。そして，ことばの発達支援

の場や保育所において子どもの様子を見る機会ごとに，また，知的発達症をもつお子さんを養育している多くの保護者との発達相談の場で，子どもの発達について，非定型性，そこに見られる安定性・不安定性，連続性，個人差，そして多様性を見ていくこと，そして，そこから支援のポイントを明らかにしていくことの大切さを考えさせられた。ある時期に安定していると見られる「安定性」にはどのような発達的意味があるのか，また，そのときの構成要素の状態はどうなのか。障がいをもつ子どもにおいて，なかなか変化が見られない時期と見られる時期に何が進展しているのかを見ていくことと，これらの点は発達支援において非常に重要であろう。

　そこで，発達に関するそれらの点に着目してまとめたのが本書である。この間，パンデミックが起こり，不安のなかで，哲学者や賢人のこれからの社会に対する提言・予測に関する多くの書物も刊行された。発達期待など，発達は社会変化と密接に関係しているので，本書においてもそれらの書のなかで引用させていただいたものもある。「発達とは」「グッド・ディベロップメントとは」。言語獲得研究とその支援を進めていくなかで，これからも私自身深めていきたいテーマである。

　私は，故村井潤一先生に，象徴機能の発達，言語獲得研究，そしてこのように発達理論について追究することに導いていただいた。先生に教えていただいた発達の捉え方をふまえ，発達を考えるうえにおいて重要な点について本書では考察した。できあがった本書を先生のご霊前にお供えしたい。また，愛知教育大学において，一緒に仕事をさせていただき，研究面でも支えていただいた松下　淑先生（愛知教育大学名誉教授）に心からお礼のことばを申し上げたい。パンデミック以前には，翻訳の仕事を通して名古屋で先生とお会いできていたが，パンデミックにより，先生もご高齢ということもあり，お会いできていなかった。ようやく制限も落ち着き，お会いする連絡を取らせていただこうとしたが，昨年訃報に接した。残念である。先生のご冥福をお祈りし，先生には本当に感謝のことばを申し上げたい。

　「発達の理論」にとらわれてはいけないが，支援やアセスメントにおいて，新たな発達理論の構築は重要である。社会変化とともに変わる社会的要請を吟味しつつ，細かな日常生活における観察的事実をもとに，発達についての新た

な理論化が必要であると筆者は考えている。

　発達の連続性という観点からは，多様化と個々の発達における安定化，不安定性に着目し，その次への変化との連関を見ていくことが発達支援においては重要であろう。発達の理論化は発達理解，発達支援につながる。

2023 年 10 月 1 日

小山　正

用語解説

感覚運動的シェマ 感覚運動的シェマ（sensory-motor schemata）とは，ピアジェによると，見る，掴むなどの知覚的，運動的同化で，乳児の行動を特徴づけるものである（Piaget, 1950）。

感覚運動的知能期 感覚運動期ともいう。ピアジェの認識の発達段階における最初の段階で，さらに６つの段階に分けられる。誕生直後からおおむね生後２年目あたりを指す。感覚運動的シェマとその協応によって外界を認識する。

基本的信頼感 エリクソンは，健康なパーソナリティの第一の構成要素を基本的信頼感と呼んだ。信頼することによって，空腹になると食べ物を与えてくれたり，痛みを感じたときや不安なときに慰めてくれるといったことが予測できるようになる。

均衡化 ハリスらは，「外界と内的世界との間で両者が不一致であった場合に再び調和をとること」を均衡化とし，発達は均衡化の過程を通して起こるとしている（Harris & Westermann, 2015, 邦訳書 52 頁）。

コア認識 新しい柔軟なスキルや信念の獲得につながり，言語学習などヒトに固有な発達の基礎となるもので，「認識のある側面は生得的であるという考え方」（Harris & Westermann, 2015, 邦訳書 122 頁）である。

構造 ピアジェは，「構造」には，「全体性」「変換」「自己制御」という３つの性格が含まれるとしている。「構造」は，前成的ではなく（ピアジェは，「認識が主体の内部構造の中であらかじめ決定されているものとみなすことはできない」と述べ（1970, 邦訳書 11 頁)），「構成」されるものであるとしている（滝沢・佐々木，1970）。

コンディション 事例の状態について使用される。英国では自閉症の状態について述べる場合に多く使われている。

語用論 言語は意味の相互作用である。人との関係，文脈においての言語の実用的使用を語用といい，実用論ともいわれる。「言語が機能するのは，他の人が，自分に伝えたいことを理解している可能性が高いと人々が信じているからに他ならない」（Everett, 2017, 43 頁）。そのためには，mind-reading が必要である。mind-reading とは，信念（思い），意図，知覚的経験などの精神状態を環境的文脈の中で，彼らの行動を観察することによって他人に帰する能力である（Everett, 2017, 43 頁）。

自我 ピアジェは，自我の形成における模倣の役割を重視し，「他人を模倣・照合することによって自我は発現してくる」とし，自我と他者の形成における相互交渉連帯性と相補性を見ている（Piaget & Inhelder, 1966）。

社会的（語用論的）コミュニケーション症: SCD（Social Communication Disorder） 語用や構造的な言語に障がいを示し，その結果として社会的なコミュニケーションに障がいが生じる。DSM-5

135

からこの診断名が用いられるようになり，以前の語義・語用困難症候群（semantic-pragmatic disorder）とも関連する。

主体　ピアジェは主体と客体に分けて考え，主体は客体との相互作用を通して形成されるとしている。

身体性認知　身体性認知とは，身体が認知発達に関わっているという考え方で，認知は身体化され，物理的・社会的世界に基盤をもつということである。身体性認知の理論においては，身体的な感覚運動的経験を思考の構造において考えている（Malafouris, 2013）。さらに，人の発達は，身体化され，身体的に埋め込まれたもの（embedded）というものである（Adolf, 2018）。身体化された認知は，行為や知覚が新たな表象を産み，思考が行為の影響を受けるという理論である。

神経構成主義　環境との相互作用を通しての遺伝子の表現と脳の発達とのダイナミクスに注目する。「神経構成主義の魅力的な見方は，定型発達と発達障がいとを統合した一つの見方を示していることである。発達は常に相互に交渉する制約によって形作られる軌跡である。発達障がいにおいて異なることは，制約である」とハリスらは述べている（Harris & Westermann, 2015, 邦訳書71頁）。「ウィリアムズ症候群のような遺伝的な障がいでは，定型発達の軌跡は妊娠時にすでにトラックから離れていて」，初期の偏奇は，ある範囲の領域に現れる後の影響へ派生したものにつながる。このような発達障がいの見方は，他の認知システムは影響を受けていないけれども特定の障がいが一つあるいはいくつかのモジュールが上手く働かないことにつながると，いう見方とは異なるものである

（Harris & Westermann, 2015, 邦訳書71頁）。

神経発達症群　DSM-5-TRでは，神経発達症群という大きなカテゴリーの中に知的発達症（知的能力障害）群，コミュニケーション症群，自閉スペクトラム症，注意欠如多動症，限局性学習症，運動症群，チック症群，他の神経発達症群が含まれている（American Psychiatric Association, 2022）。

制約　生得論から発展してきた発達の捉え方の一つで，抽象的な知識獲得に関わるものであり，制約があることによって発達する。

ダイナミック・システムズ理論　ダイナミック・システムズ理論は，システムの発達のプロセス，変化の過程を説明し，物理学や数学における複雑なシステムについての知見，そして，生物学や心理学で考えられてきたシステムから広がってきたものである。新たな行動はどこから生じるのか，すなわち，本文でも述べた「創発性」を問い，新しい複雑な行動の形式はシステムの構成要素（components）の相互交渉から生じると考える（Miller, 2016）。したがって，時間的経過とともに見られる変化や新たな行為の出現について，複雑さ，自己体制化，システムの部分となる構成要素間の相互交渉や軌跡，子どもと環境といった複数のシステム（システムズ）の相互関係のダイナミックな過程による変化に焦点を当てる。発達心理学においては，ダイミック・システムズ理論は，発達するシステムの全ての水準における多面的かつ相互的，そして連続性を見ることによって，非線形的な発達を理解しようとする（Thelen & Smith, 2006; Miller, 2016）。

抽象化　白いゆりと牛乳，そしてウェデイ

ングドレスがあればそこから共通の白さを抽象するようなプロセスを抽象化という（Saxton, 2017）。

定型発達　定型発達の理解には，本文図3-1のウォディントンのエピジェネティク・ランドスケープの喩えが参考になる。谷と丘で作られる地形をボールが転がっていく経路であり，多様性を示す。谷と丘で作られる地形は環境的要因によって変化し，ボールが転がっていく経路も変わる可能性がある。わが国では，これまで一般に用いられている「健常発達」と同じような意味で使う人もいるが，研究的用語であり，今後，さらに検討していく必要がある。

統語　ピンカーによると，統語（syntax）とは，語を句やセンテンスに配列する規則である（Pinker, 1999）。

内化　操作は内化された働きかけであり，内化はその特性ともいえる。ピアジェらは，現実に対する直接的活動の感覚運動的水準から「整合的で可逆的な諸体系」にまとめられていく始まりに内化を見ている（Piaget & Inhelder, 1966, 邦訳書95-96頁）。

発生的認識論　認識の起源，認識の発生に遡り，さまざまな認識を明らかにしようとする。

発達支援　わが国の発達障害者支援法では，「発達障害者に対し，その心理機能の適正な発達を支援し，及び円滑な社会生活を促進するため行う個々の発達障害者の特性に対応した医療的，福祉的及び教育的援助」をいう。発達障害者支援法では，「発達障害者の教育，就労，地域における生活等に関する支援，権利利益の擁護，司法手続における配慮，発達障害者の家族等の支援を強化すること」が規定されている（厚生労働省 HP より）。

発達的現象　例えば，指さしの出現や1語発話期のボキャブラリー・スパートは発達的現象といえる。さまざまな発達が絡んで見られるなかで，それを発見し記述することによってヒトの発達理解が進む現象といえる。ダイナミック・システムズ・アプローチにおける統制パラメータの出現は発達的現象といえる。

発達における機能連関性　村井（1980）は，領域内の序列性を問題にするだけでなく，ある機能と他の機能との相互連関性を発達における機能連関性として，発達連関を解明していくことが課題であると述べている。

発達輪郭表　発達検査の結果の表示の仕方の一つで，運動や認知，言語，それぞれの発達状況をグラフや表を用いて示すもので，領域間の不均衡を捉えることができる。

プレイフルさ　心から遊びややりとりを楽しみ，戯れること。

ブートストラップ　言語入力のある側面の知識が新たな言語システムの側面の学習の近道として働くという仮説である（Karmiloff & Karmiloff-Smith, 2001）。

微視的方法　変化を見るのに良い方法で，発達のさまざまな側面について変化のメカニズムとそれを記述するために用いられている。問題解決の過程などでリアルタイムの活動を説明し，発達における変化の瞬間から瞬間を捉えようとするものである（Miller, 2016）。

併存症　同一の個人に2つ以上の障がい（disorder）が存在することをいう。例としては，発達性言語障がい（以前の特異的言語発達障がい）は，しばしば他の発達障がいにも見られる（Harris & Westermann, 2015）。

変数　統計分析で用いられる用語で，身長

のように，共通の測定方法で得られた同じ性質をもつ値を変数という。「人によって異なるもの」いう意味であると須藤ら（2018）は述べている。

ボキャブラリー・スパート　定型発達の子どもにおいて1語発話期後半における表出語彙の急増する現象をいう。

メタ語用的知識　語用に関しての意識でもあり，語彙や語についての知識，ナラティブの発達，他者の意図の理解や会話のトピックの理解と管理など，言語処理，社会的理解の発達が関わっている

（Adams, 2015）。

領　域（domain）　「領　域」とは，カミロフ・スミスによると，言語などある固有の知識領域である。

領域の特殊化　ある領域においてその機能が分化していくことである。

領域固有　ある領域の発達が他の領域の発達の影響を受けないという見方である。

ワーキングメモリ　複雑な認知課題に要求される情報に注意を向け時間情報を捉え，処理し，貯蔵するシステムである。

引用文献

Adams, C.（2015）. Assessment and intervention for children with pragmatic language impairment. In D. A. Hwa-Froelich（Ed.）, *Social communication developmental and disorders*（pp.141–170）. East Susex: Psychology Press.

Adams, C.（2016）. 私信による.

Adams, C., Lockton, E., Gaile, J., & Freed, J.（2011）. TOPICCAL applications: Assessment of children's conversation skills: turning a research instrument into a clinical profile. *Speech and Language Therapy in Practice*, *Spring*, 7–9.

Adams, C., & Gaile, J.（2014）. Managing children's pragmatic and social communication needs in the early school years. Cheshire, UK: Napier Hill Press.

Adolf, K.（2018）. An ecological systems approach to development. *48th Annual Meeting of the jean Piaget Society, Amsterdam, Netherland, Plenary Session 2.*

赤澤　威（編）（2010）. ネアンデルタールとサピエンス交替制の真相──学習能力の進化に基づく実証的研究──　第 1 回大会抄録

Alcock, K., & Connor, S.（2021）. Oral motor and gesture abilities independently associated with preschool language skill: Longitudinal and concurrent relationship at 21 months, 3 and 4 years. *Journal of Speech, Language, and Hearing Research*, *64*, 6, 1944–1963.

Allen, J. W. P., & Bickhard, M. H.（2013）. Stepping off the pendulum: Why only an action-based approach can transcend the nativist-empiricist debate. *Cognitive Development*, *28*, 96–133.

American Psychiatric Association（2022）. *Diagnostic and statistical manual of mental disorders.*（5th ed. Text revision）. Washington D.C.: American Psychiatric Association Publishing.（高橋三郎・大野　裕（監訳）（2023）. DSM-5-TR ──精神疾患の診断・統計マニュアル──　医学書院）

Avis, J., & Harris, P. L.（1991）. Belief-desire reasoning among Baka children: Evidence for a universal conception of mind. *Child Development*, *62*（3）, 460–467.

Baron-Cohen, S.（2020）. *The Pattern seekers: How autism drives human Invention.* NewYork: Basic Books.（篠田里佐・岡本　卓・和田秀樹（訳）（2022）. ザ・パターン・シーカー──自閉症がいかに人類の発明を促したか──　化学同人）

Barrett, M.（1999）. *The development of language.* East Sussex: Psychology Press.

Bates, E., Benigni, L., Bretherton, I., Camaioni, L., & Votterra, V.（1979）. *The emergence of symbols: Cognition and communication in infancy.* New York: Academic Press.

Baughman, F. D., & Anderson, M.（2021）. Intelligence: Taking the dynamics of development seriously. In M. S. C. Thomas, D. Mareschal, & V. C. P. Knowland（Eds.）, *Taking development seriously: A festschrirft for Annette Karmiloff-Smith: Neuroconstructivism and the multi-disciplinary approach to understanding the emergence of mind*（pp.51–58）. Oxford: Routledge.

Bejan, A.（2020）. *Freedom and evolution: Hierarchy in nature, society and science.* Chams Swizerland: Springer.（柴田裕之（訳）（2022）. 自由と進化──コンストラクタル法則による自然・社会・科学の階層制──　紀伊國屋書店）

Benasich, A. A., & Wolfert, K.（2021）. Prospective and longitudinal studies of earliest origins of language learning impairments: Annette Karmilof-Smith's ongoing legacy. In M. S. C Thomas, D. Mareschal, & V. C. P. Knowland（Eds.）, *Taking development seriously: A festschrirft for Annette Karmiloff-Smith: Neuroconstructivism and the multi-disiplinary approach to understanding the emergence of mind*(pp.121–134). Oxford: Routeledge.

Berwick, R. C., & Chomsky, N.（2016）. *Why only us: Language and evolution.* Massachusetts: MIT Press.（渡会圭子（訳）(2017). チョムスキー言語学講義――言語はいかにして進化したか―― 筑摩書房）

Bizzi, F., Shmueli-Goetz, Y., Castellano, R., Martini, P. S., & Cavanna, D.（2021）. Psychometric properties of the child attachment interview in Italian context: A focus on normative and specific clinical groups in school-aged children. *Psychological Reports, 124*（1）, 382–410.

Bonino, S., & Cattelino, E.（1999）. The relationship between cognitive abilities and social abilities in childhood: A research on flexibility in thinking and co-operation with peers. *International Journal of Behavioral Development, 23*（1）, 19–36.

Boom, J.（2009）. *Piaget on equilibration.* In U Müller J. I. M Carpendale, & L. Smith（Eds.）, *The Cambridge companion to Piaget*（pp. 132–149）. Cambridge: Cambridge University Press.

Boom, J.（2021）. Stages in Piagetian and other cognitive developmental theories. *50th Annual Meeting of The Jean Piaget Society: June 1- June 5, 2021,* Discussion Session 3, Online.

Bowlby, J.（1969）. *Attachment and loss* Vol. 1. Harmondsworth: Pelican Books.

Brooks, P. J., & Kempe, V.（2012）. *Language development.* Sussex: BPS Blackwell.

Bruner, J.（1983）. *Child's Talk: Learning to use language.* Oxford: Oxford University Press.

Butterworth, G., & Harris, M.（1994）. *Principles of developmental psychology.* New Jersey: Lawrence Erlbaum Associate.（村井潤一（監訳）(1997). 発達心理学の基本を学ぶ ミネルヴァ書房）

Chalmars, D.（2020）. 科学主義的唯物論を乗り越える――デイビッド・チャーマーズ×マルクス・ガブリエル―― 丸山俊一・NHK「欲望時代の哲学」制作班（編）(2020). マルクス・ガブリエル危機の時代を語る(pp. 107–156) NHK 出版

Chomsky, N.（1957）. *Syntactic structures.* The Hague: Mouton de Grayter.（福井直樹・辻子美保子（訳）(2014). 統辞構造論 岩波書店）

Chomsky, N.（1965）. *Aspects of the theory of syntax: 50th anniversary edition, chapter 1, methodological preliminaries.* MA: MIT Press.（福井直樹・辻子美保子（訳）(2017). 統辞理論の諸相――方法論序説―― 岩波書店）

Chomsky, N.（2014）. Two lectures in Sophia University. *Sophia Linguistica, 64.*（福井直樹・辻子美保子（訳）(2023). 我々はどのような生き物なのか――言語と政治をめぐる二講演―― 岩波書店）

Clark, E. V.（2017）. *Language in children.* Oxford: Routledge.

Cole, M.（1996）. *Cultural psychology: A once and future discipline.* Cambridge: The Belknap Press of Harvard University Press.（天野 清（訳）(2002). 文化心理学――発達・認知・活動への文化―歴史的アプローチ―― 新曜社）

Collins, J.（2017）. Faculties and modules: Chomsky on cognitive architecture. In J. McGilvray（Ed.）, *The cambridge companion to Chomsky*（2nd ed.）（pp.217–24）.Cambridge: Cambridge University Press.

Crafter, S., Maunder, R., & Soulsby, L.（2019）. *Developmental transitions: Exploring stability and change through the lifespan.* Oxford: Routledge.

朶 舟茂・岩木 直（2017）. 先延ばし傾向と認知的柔軟性脳活動との相関 日本心理学会第81回大会, 9, 認知. 2B-037.

Davis, B. L., & Bedore, L. M.（2013）. *An emergence approach to speech acquisition: Doing and knowing.* East Sussex: Psychology Press.

Di Paolo, E. A., Buhrmann, T., & Barandiaran, X. E.（2017）. *Sensorimotor life: An enactive proposal.* Oxford: Oxford University Press.

Di Paolo, E. A., Cuffari, E. C., & Jaegher, H. D.（2018）. *Linguistic bodies: The continuity between life and language*. Oxford: Oxford University Press.

D' Odorico, L., Carubbi, S., Salerni, N., & Calvo, V.（2001）. Vocabulary development in Italian children: A longitudinal evaluation of quantitative and qualitative aspects. *Journal of Child Language, 28*, 351-372.

Doherty, M. J.（2009）. *Theory of mind: How children understand others' thoughts and feelings*. East Sussex: Psychology Press.

Emde, R. N., & Harmon, R. J.（1984）. Entering a new era in the search for developmental continuities. In R. N. Emde, & R. J. Harmon（Eds.）, *Continuities and discontinuities in development*（pp.1-11）. New York: Plenum Press.

Erikson, E. H., & Erikson, J. M.（1998）. *Life cycle completed*. New York: Norton.（村瀬孝雄・近藤邦夫（訳）（2001）. ライフサイクル、その完結　みすず書房）

Everett, D.（2017）. *How language began: The story of humanity's greatest invention*. London: Profile Books.

Farran, F. E.（2021）. What can neurodevelopmental disorders tell us about developmental pathways? Realising nuroconstructivist principles now and in the future. In M. S. C. Thomas, D. Mareschal, & V. C. P. Knowland（Eds.）, *Taking development seriously: A festschrift for Annette Karmiloff-Smith: Neuroconstructivism and the multi-disiplinary approach to understanding the emergence of mind*（pp.174–194）. Oxford: Routledge.

Field, C., Allen, M. L., & Lewis, C.（2016）. Are children with autism spectrum disorder initially attuned to object function rather than shape for word learning? *Journal of Autism and Developmental Disorders, 46*, 1210-1219.

Filippi, R., & Karmiloff-Smith, A.（2013）. What can neurodevelopmental disorders teach us about typical development? In C. R. Marshall（Ed.）, *Current issues in developmental disorders*（pp.193-207）. East Sussex: Psychology Press,

Fischer, K. W., Pipp, S. L., & Bullock, D.（1984）. Detecting developmental discontinuities: Methods and measurement. In R. N. Emde, & R. J. Harmon（Eds.）, *Continuities and discontinuities in development*（pp.95–122）. New York: Plenum Press.

Flavell, J. H.（1985）. *Cognitive development*,（2nd ed.）. London: Pretice-Hall.

Fletcher, P., & O'Toole, C.（2016）. *Language development & language impairment: A problem-based introduction*. West Sussex: John Wiley Sons.

Fodor, J. A.（1983）. *The modularity of mind*. MA: MIT Press.

Freud, S.（1915）. Tribe and triebschicksale. *Int. Z. Psychoanal., 3*（2）, 84-100.（竹田青嗣・中山　元（訳）（1996）. 自我論集（pp.9–48）　筑摩書房）

Freud, S.（1923）. *Das ich and das es.* Internationaler Psychoanalytischer, Verlag.（竹田青嗣・中山元（訳）（1996）. 自我論集（pp.201–272）　筑摩書房）

Frith, U.（2003）*Autism:Explaining the enigma.Second edition*. Oxford: Blackwell.（富田真紀・清水康夫・鈴木玲子（訳）（2009）. 自閉症の謎を解き明かす　東京書籍）.

Frith, U.（2008）. *Autism: A very short introduction*. Oxford: Oxford University Press.

Furth, H. G.（1969）. *Piaget and knowledge: Theoretical foundation*. New Jersey: Prentice Hall.（植田郁郎・大伴公馬（訳）（1972）. ピアジェの認識理論　明治図書）

Gabriel, M.（2013）. *Warum es die welt night gibt*. Belrin: Ullstein, Verlag.（清水一浩（訳）（2018）. なぜ世界は存在しないのか　講談社）

Garton, A. F.（2004）. *Exploring cognitive development*: *The child as problem solver*. Oxford: Blackwell.（丸野俊一・加藤和生（監訳）（2008）. 認知発達を探る——問題解決者としての子ども——　北大路書房）

Gibson, E. J., & Pick, E. J.（2000）. *An ecological approach to perceptual learning and development*.

New York: Oxford University Press.

Goldfield, B. A., & Reznick, J. S.（1990）. Early lexical acquisition: Rate, content, and vocabulary spurt. *Journal of Child Language, 17*, 171-183.

Goldin, I.（2016）. *Development: A very short introduction.* Oxford: Oxford University Press.

Gonzalez-Rothi, L. J., Ochipa, C., & Heilman, K. M.（1991）. A cognitive neuropsychological model of limb praxis. *Cognitive Neuropsychology, 8*, 443–458.

Goodhart, D.（2021）. 15 対 50 問題──知的エリートと庶民を分断する「能力主義」── クーリエ・ジャポン（編）不安に克つ思考──賢人たちの処方箋──（pp.117–129） 講談社

Goswami, U.（2014）. *Child psychology: A very short introduction.* Oxford: Oxford University Press.

Gratton, L., & Scott, A. J.（2017）. *The 100-year life: Living and working in an age of longevity.* London: Bloomsbury publishing.（池村千秋（訳）（2016）. ライフシフト── 100 年時代の人生戦略── 東洋経済新報社）

Hameline, D., Dasen, P., Marin, J., & Platteaux, H.（1996）. In D. Hamerine, & J. Vonèche（dir.）（1996）. *Jean Piaget agir et construire: Aux origins de la connaissance chez l'enfant et savant.* de Genève: Ed. FPSE Université.（芳賀 純・原田耕平・岡野雅雄（訳）（2021）. ピアジェ入門──活動と構成：子どもと学者の認識の起源について──（pp. 109-154）三和書籍）

Harris, J.（1990）. *Early language development: Inplications for clinical and educational practice.* Oxford: Routledge.

Harris, M.（2008）. *Exploring developmental psychology: Understanding theory and methods.* London: Sage Publications.

Harris, M., & Westermann, G.（2015）. *A student's guide to developmental psychology.* East Sussex: Psychology Press.（小山 正・松下 淑（訳）（2019）. 発達心理学ガイドブック──子どもの発達理解のために── 明石書店）

波多野完治（編）(1956). 改訂版 精神発達の心理学 大月書店

Havighurst, R. J.（1948）. *Developmental tasks and education.* Chicago: The University of Chicago Press.

Hindley, C. B., & Owen, C. F.（1978）. The extent of individual changes in IQ for ages between 6 months and 17 years, in a British longitudinal sample. *Journal of Child Psychology and Psychiatrry, 19*（4）, 329–350.

廣松 渉（1989）. 表情 弘文堂

Horst, J. S.（2018）. Mapping words to objects. In G. Westermann, & N. Mani（Eds.）, *Early word learning*（pp.44–56）. Oxford: Routledge.

Hulme, C., & Snowling, M. J.（2009）. *Developmental disorders of language learning and cognition.* West Sussex: Wilkey-Blackwell.

Husserl, E. 浜渦辰二・山口一郎（監訳）（1973）. 間主観性の現象学──その方法── 筑摩書房

Hwa-Froelich, D. A.（2015）. Social communication theoretical foundation and introduction. In D. A. Hwa-Froelich（Ed.）, *A social communication development and disorders*（pp.3–199）. East Susex: Psychology Press.

Jablonka, E.（2017）. The evolution of linguistic communication: Piagetian insights. In N. Buding, E. Turiel P. D. & Zelazo（Eds.）, *New perspectives on human development*（pp. 353–370）. Cambridge: Cambridge University Press.

神土陽子（1999）. 子どもの発達とことば 村井潤一・小山 正・神土陽子, 発達心理学──現代社会と子どもの発達を考える──（pp.52–73） 培風館

神土陽子（2000）. 子どもの心の理解とことばの発達 小山 正（編）ことばが育つ条件（pp.86–99） 培風館

神土陽子（2006）. 子どもの初期言語獲得──ことばによる概念化と思考の発達── 小山 正

（編）（2008）．言語獲得期の発達（pp.21–46）　ナカニシヤ出版

Johnson, M. H.（2021）. Revisiting rethinking innatedness: 20 years on. In M. S. C., Thomas, D. Mareschal, & V. C. P. Knowland（Eds.）, *Taking development seriousty: A festschirift for Annette Karmiloff- Smith: Neuroconstructivism and the multi-disiplinary approach to understanding the emergence of mind*（pp. 94-100）. Oxford: Routledge.

海部陽介(2022). 人間らしさとは何か――生きる意味をさぐる人類学講義――　河出書房新社

Karmiloff-Smith, A.（1992）. *Beyond modularity: A developmentalperspective on cognitive science.* Cambridge MA: MIT Press.（小島康次・小林好和（監訳）（1997）．人間発達の認知科学――精神のモジュール性を超えて――　ミネルヴァ書房）

Karmiloff-Smith, A.（2012）. From Piaget's constructivism to neuroconstructivism. *The Jean Piaget Society, 42nd Annual Meeting,* Toronto, Canada, May 31– June 2, Plenary Session 5, 2012.

Karmiloff-Smith, A.（2013）. From constructivism to neuroconstructivism: Did we still fall into the foundationalism/ encodingism trap? Commentary on "Stepping off the pendulum: Why only an action-based approach can transcend the nativist-empiricist debate"by J. Allen and M. Bichhard. *Cognitive Development, 28,* 154–158.

Karmiloff-Smith, A.（2017）. Embrace complexity: Multiple factors contributing to cognitive, social, and communicative development. In N. Buding, E. Turiel, & P. D. Zelazo（Eds.）, *New perspectives on human development*（pp. 386–401）. Cambridge, Cambridge University Press.

Karmiloff, K., & Karmiloff-Smith, A.（2001）. *Pathways to language: From fetus to adolescent.* Cambridge: Harvard University Press.

Kiesling, S. F.（2011）. *Linguistic variation and change.* Edinburgh: Edinburgh University Press.

Kloo, D., Perner J., Aichihorn, M., & Schmidhuber, N.（2010）. Perspective taking and cognitive flexibility in dimensional change card sorting（DCCS）task. *Cognitive Development, 25,* 208–217.

Kobak, R.（1999）. The emotional dynamics of disruptions in attachment relationships: Implications for theory, research, and clinical intervention. In J. Cassidy, & P. R. Shaver（Eds.）, *Handbook of attachment: Theory research, and clinical applications*（pp. 21-43）. New York: The Guilford Press.

厚生労働省（2004）．発達障害者支援法のねらいと概要 https: //www. mhlw. go. jp/shingi/2004/12/dl/s1207-8c.pdf.

小山　正(2002). 研究時評――言語獲得の発達基盤――　特殊教育学研究, *40*(2), 271–279.

小山　正(編)(2006). 乳幼児臨床発達学の基礎――子どもと親への心理的サポート――　培風館

小山　正(編)(2008). 言語獲得期の発達　ナカニシヤ出版

小山　正(2009). 言語獲得期にある子どもの象徴機能の発達とその支援　風間書房

小山　正(2012). 初期象徴遊びの発達的意義　特殊教育学研究, *50,* 363-372.

Koyama, T.（2012）. Cognitive development in the period of transition from proto-words to social language. *The Jean Piaget Society, 42nd Annual Meeting*, Poster Session, Toronto, Canada, *31, May–2 June, 2013.*

Koyama, T.（2014a）.Cognitive development of Baka Pygmy children growing up in modern hunter-gatherer society. *Replacement on Neanderthals by Modern Humans: Testing evolutionary model of learning. The second international conference*, Program and Abstracts, 139–141.

Koyama, T.（2014b）. Cognitive flexibility and making objects in Baka Pygmy children. In T. Akazawa, N. Ogihara, H. Tanabe, H. Terashima（Eds.）, *Dynamics of learning in Neanderthals and modern humans* Volume 2: *Cognitive and physical perspectives*（pp.33–38）. Tokyo: Springer.

小山　正(2015a).言語獲得に遅れがみられる子どもへのダイナミック・システムズ理論からみた支援　音声言語医学. *56*（1）, 12–19.

小山　正(2015b). 狩猟採集生活のなかで育つ子どもの象徴機能の発達―― Baka の子どもの調

査から―― RNHM 第 10 回大会抄録

小山　正(2015c)．定型発達児における初期の表象的身振りと表出語彙との関連――個人差の観点から―― 第 60 回日本音声言語医学会総会・学術講演会予稿集

小山　正(2015d)．ことばの遅れがある子どもへの支援　小椋たみ子・小山　正・永野久美　乳幼児期のことばの発達とその遅れ――保育・発達を学ぶ人のための基礎知識（pp. 211-223）ミネルヴァ書房

Koyama, T.（2017）. Individual differences in early gestural development and word learning. *47th Annual Meeting of the Jean Piaget Society,* San Francisco, USA, 8–10, June.

小山　正(2018a).遊びを通したコミュニケーション支援　藤野　博（編著）コミュニケーション発達の理論と支援(pp.52-62)　金子書房

小山　正(2018b).言語発達　ナカニシヤ出版

小山　正(2018c).初期言語学習期にある事例へのダイナミック・システムズ・アプローチ――言語発達障害への適用にむけて―― 特殊教育学研究, *56*（2），95-104.

小山　正(2020a).知的発達症をもつ子どもの物にかかわる行為・認識と言語発達との関連　音声言語医学, *61*（2），177-187.

小山　正(2020b).知的発達症を背景にもつ自閉スペクトラム症の事例の表出語獲得におけるスピードアップと認知発達との関連　日本心理学会第 85 回大会，PO-013.

小山　正(2020c).家庭における子どもの遊びや認知発達と初期言語学習との関連　音声言語医学, *61*（4），342-350.

Koyama, T.（2022a）. Current research on individual differences in early expressive word acquisition. *Journal of Special Education Research, 11*（1），11–21.

小山　正(2022b).初期表出語彙獲得過程に見られるスピードアップと日常生活における認知・遊びの発達　日本音声言語医学会第 67 回総会・学術講演会，一般発表，006.

小山　正(2022c).知的発達症をもつ子どもの表出語彙獲得と家庭での認知・遊びの発達との関連　音声言語医学, *63*（3），171-182.

小山　正(2023a).定型発達の子どもの初期の時間，位置，場所を表示する語の広がりと動作語の獲得――家庭での認知・遊びの発達との関連―― 音声言語医学, *64*（4），237-243.

小山　正(2023b).知的発達症をもつ子どもの指さし行動の出現と対物行動との発達的関連性　日本音声言語医学会第 68 回総会・学術講演会，一般発表，108.

小山　正・神土陽子(2004)．自閉症スペクトラムの子どもの言語・象徴機能の発達　ナカニシヤ出版

Leslie, A. M.（1987）. Pretence and representation: Origins of "theory of mind". *Psycological Review, 94*, 412–426.

レヴィ＝ストロース，クロード　渡辺公三（訳）(2019)．人種と歴史/人種と文化　みすず書房

Levy, Y.（2021）. Age matters. In M. S. C. Thomas, D. Mavechal, & V. C. P. Knowland（Eds.）, *Taking development seriously: A festschrift for Annette Karmiloff-Smith: Neuroconstructivism and the multi-disciplinary approach to understanding the emergence of mind*（pp. 280–295）. Oxford: Routledge.

Lewis, M.（2021）. The rise of consciousness and the development of emotional life. *50th Annual Meeting of The Jean Piaget Society: June 1- June 5, 2021,* Discussion Session 6, Online.

前田健一・新見直子(2012).中学生のキャリア意識と適応感および親の発達期待　日本心理学会大 76 回大会発表論文集，1EVD01-1EVD01.

Malafouris, L.（2013）. *How things shape the mind: A theory of material engagement.* London: MIT Press.

McCune, L.（2008）. *How children learn to learn language.* Oxford: Oxford University Press.（小山　正・坪倉美佳（訳）(2013)．子どもの言語学習能力――言語獲得の基盤―― 風間書房）

McShane, J.（1980）. *Learning to talk.* Cambridge: Cambridge University Press.

Melzoff, A. N., & Gopnik,A.（2013）. Learning about the mind from evidence: Children's development of intuitive theories of perception and personality. In S. Baron-Chohen, H. Tager-Flusburg, & M. V. Lonbardo（Eds.）, *Understanding other minds: Perspectives from developmental social neuroscience*（pp. 19-34）. Oxford: Oxford University Press.

Mitchell, M.（2009）. *Complexity: A guided tour.* Oxford: Oxford University Press.

Miller, P. H.（2016）. *Theories of developmental psychology*（6th ed.）. New York: Worth Publishers.

Minick, N.（2017）. The development of Vygotsky's thought. In H. Daniels（Ed.）, *Introduction to Vygotsky.*（3rd ed.）（pp.35-58）. Oxford: Routledge.

茂木健一郎(2020). クオリアと人工意識 講談社

Montangero, J.（1996）. In D. Hamerine & J. Vonèche（dir.）*Jean Piaget agir et construire: aux origins de la connaissance chez l'enfant et le savant.* de Genève: Ed. FPSE Université.（芳賀 純・原田耕平・岡野雅雄（訳）（2021）. ピアジェ入門——活動と構成：子どもと学者の認識の起源について——（pp. 9-39） 三和書籍）

Müller, U.（2012）. Piaget's action-based approach to representation: Promise and pitfalls. *42nd Annual Meeting of The Jean Piaget Society: May 31- June 2, 2012,* Toronto, Canada, Symposium Session 2 Theoretical issues in development.

Müller, U., Capendale, J. I. M., & Smith, L.（2009）. Introduction: Overview. In U. Müller, J. I. M. Carpendale, & L. Smith,（Eds.）, *The Cambridge companion to Piaget*（pp.1-44）. Cambridge: Cambridge University Press.

村井潤一(1970). 言語機能の形成と発達 風間書房

村井潤一（編著）(1972). 障害児の早期教育 ミネルヴァ書房

村井潤一(1980). 障害児発達の基本原理 猪岡 武・村井潤一（編)障害児教育の理論と展開（pp.67-87） 第一法規

村井潤一(1987a). 言語と言語障害を考える ミネルヴァ書房

村井潤一(1987b). 幼児期の人間形成と自我の発達 東 洋・稲垣忠坊・岡本夏木・佐伯胖・波多野詮余夫・堀尾輝久・山住正己（編） 岩波講座 教育の方法9 子どもの生活と人間形成(pp. 45-82) 岩波書店

村井潤一（編著）(2002). 乳幼児の言語・行動発達——機能連関的研究—— 風間書房

村井潤一(2007). 自立とは 村井潤一・藤田綾子・小山 正（編著)老人障害者の心理 三訂版（pp.201-209） ミネルヴァ書房

村井潤一・小山 正(1995). 障害児発達学の基礎——障害児の発達と教育—— 培風館

村井潤一・小山 正・神土陽子(1999). 発達心理学——現代社会と子どもの発達を考える—— 培風館

村田孝次(1977). 言語発達の心理学 培風館

Nadel, J.（2014）. *How imitation boosts development: In infancy and autism spectrum disorder.* Oxford: Oxford University Press.

仲野 徹(2014). エピジェネティクス——新しい生命像を描く—— 岩波書店

Nelson, K.（1973）. Structure and strategy in learning to talk. *Monographs of the Society for Research in Child Development, 149.*

Nelson, K.（2013）. Introduction to the special issue. *Cognitive Development, 28,* 95.

Ninio, A., & Snow, C. E.（1996）. *Pragmatic development.* Boulder, CO: Westview Press.

西村辨作（1995）. 反響言語（エコラリア） 村井潤一・清水御代明・岡本夏木（監修）発達心理学辞典（p. 571）子どものコミュニケーション障害 ミネルヴァ書房

小椋たみ子(1999). 初期言語発達と認知発達の関係 風間書房

小椋たみ子・綿巻 徹(2004). 日本語マッカーサー乳幼児言語発達質問紙.「語と身振り」手

引　京都国際社会福祉センター

岡林春雄（編著）（2008）．心理学におけるダイナミカルシステム理論　金子書房

岡本夏木（1977）．ピアジェの知能の発生的段階説　村井潤一（編）発達の理論——発達と教育・その基本問題を考える——（pp.65-116）　ミネルヴァ書房

岡本夏木（2009）．岡本夏木先生遺稿　模倣から物語まで　発達, *301*(119), 114-118.

押山千秋・須藤千尋・三輪洋靖・岡林誠士・高西淳夫・坂爪一幸・西村拓一・清水栄司（2017）．認知的柔軟性とメンタルローテーション・うつ・不安の関連の検討　日本心理学会第 81 回大会, 9 認知, 1A-058.

Overton, W. F.（2012）Relationism and relational developmental systems: A paradigm for the emergent, epigenetic, embodied, enacted, embedded, encultured, mind. *42nd Annual Meeting of The Jean Piaget Society: May 31- June 2, 2012,* Plenary Session 1, Toront, Canada.

Overton, W. F.（2021）. Advancing developmental science: Highlighting the contributions of Willis F. Overton. *50th Annual Meeting of The Jean Piaget Society: June 1- June 5, 2021,* Symposium Session 14: Online.

小澤　勲（1984）．自閉症とは何か　精神医療委員会

Piaget, J.（1950）. *The psychology of intelligence*. London: Routledge & Kegan Paul. （波多野完治・滝沢武久（訳）（1967）．知能の心理学　みすず書房）

Piaget, J.（1952）. *The origin of intelligence in children.* New York: International University Press. （浜田寿美男・谷村　覚（訳）（1978）. 知能の誕生　ミネルヴァ書房）

Piaget, J.（1968）. *Le structuralism.*Quesais-je? no 1311 Paris: Presses Universitaires de France. （滝沢武久・佐々木明（訳）（1970）．構造主義　白水社）

Piaget, J.（1970）. *L'Épistémologie Génétiquée.* Quesais-je? no 1399, Paris: Presses Universitaires de France.（滝沢武久（訳）（1972）．発生的認識論　白水社）

Piaget, J., &Inhelder, B.（1966）. *La psychologie de l'Enfant.* Quesais-je? no 369. Paris: Presses Universitaires de France.（波多野完治・須賀哲夫・周郷　博（訳）（1969）．新しい児童心理学　白水社）

Piaget, J., & Inhelder, B.（1969）. *The psychology of the child.* New York: Basic Books.

Pinker, S.（1999）. *Words and rules: The ingredients of language.* New York: Basic Books.

Pinker, S.（2007）. *The stuff of thought: Language as a window into human nature.* New York: Viking, Penguin Press.（幾島幸子・桜内篤子（訳）（2007）．思考する言語　NHK ブックス）

Rinaldi, L.（2021）. Never missing the whole picture: Intellectual development from a neuroconstructivist perspective. In M. S. C. Thomas, D. Mareschal, & V. C. P. Knowland（Eds.）, *Taking development seriously: A festschrirft for Annette Karmiloff-Smith: Neuroconstructivism and the multi-disiplinary approach to understanding the emergence of mind*（pp.280-295）. Oxford: Routledge.

Russ, S. W., & Zyga, O.（2016）. Imaginative play. In J. C. Kaufman & J. Baer（Eds.）, *Creativity and reason in cognitive development*（2nd ed., pp.52–71）. Cambridge: Cambridge University Press.

Rutter, M.（1984）. Continuities and discontinuities in socioemotional development. In R. N. Emde, & R. J. Harmon（Eds.）, *Continuities and discontinuities in development*（pp.41–68）. New York: Plenum Press.

佐伯恵里奈（2015）．柔軟性を支える認知メカニズム——タスクスイッチング研究からの示唆——　心理学評論, *58*, 34–51.

佐藤　仁（2023）．争わない社会——「開かれた依存関係」をつくる——　NHK 出版

Samuelson, L. K.（2021）Toward a precision science of word learning: Understanding individual vocabulary pathways. *Child Developmental Perspectives*, *15*, 117–124.

Saxton, M.（2017）. *Child language: Acquisition and development*（2nd ed.）, London: Sage.

Sedlacek, T.（2017）．資本主義は成長がマストではない　丸山俊一・「欲望の資本主義」制作班

(2017).　欲望の資本主義——ルールが変わる時——（pp.69-149）　東洋経済新報社

Sedlacek, T.（2023）.　倫理と経済，どちらが先か　大野和基（編）未来を語る人——世界の知性が語る，資本主義のゆくえ——（pp. 93-116）　集英社

積山　薫（2017）.　身体に根ざした認知の生涯発達と神経可塑性　科研費研究成果報告書

千住　淳（2019）.　社会的認知の発達と可塑性　認知神経科学，21(3＋4)，166-171.

千住　淳（2022）.　社会的認知の発達：自発性・可塑性・多様性　精神科，41(5)，620-629.

柴田義松（2006）.　ヴィゴツキー入門　子どもの未来社

新版K式発達検査研究会（編）（2020）.　新版K式発達検査2020実施手引き書　京都国際社会福祉センター

篠田謙一（2022）.　人類の起源——古代DNAが語るホモ・サピエンスの「大いなる旅」——中央公論社

篠田直子・高橋ユウエン・高橋知音・篠田晴男（2018）.大学生版認知的柔軟性尺度作成の試み信州大学教育学部研究論集，12, 137-149.

Shore, C. M.（1995）. *Individual differences in language development.* California: Sage.（佃　一郎（監訳）岩田光児・岩田まな（訳）（2009）.　言語発達ってみんな同じ？——言語獲得の多様性を考える——　学苑社）

Smil, V.（2021）.　第5の転換を乗り越える「レス・イズ・モア」　クーリエ・ジャポン（編）不安に克つ思考——賢人たちの処方箋——（pp.74-94）　講談社

Smith, P. K.（2016）. *Adolescence: A very short introduction.* Oxford: Oxford University Press.

園原太郎（1961）.　行動の個体発達における連続性の問題　哲学研究，41(4)，251-269.

園原太郎（1977）.　発達と教育　村井潤一（編）発達の理論——発達と教育・その基本問題を考える——（pp.1-23）　ミネルヴァ書房

須藤康介・古市憲寿・本田由紀（2018）.　新版　文系でもわかる統計分析　朝日新聞出版

多鹿秀継・上淵　寿・堀田千枝・津田恭充（2018）.　読んでわかる教育心理学　サイエンス社

高嶋幸雄・松藤まゆみ・高嶋美和・大矢崇志・岩田嗹介（2011）.　総説　大脳の発達障害——小児神経病理と可塑性——　音声言語医学，52(2)，125-131.

竹田契一・里見恵子（編著）（1994）.　インリアル・アプローチ　日本文化科学社

滝沢武久・佐々木明（1970）.　ジャン・ピアジェ　構造主義　訳者まえがき　白水社

寺嶋秀明（2010）.　研究項目A02「狩猟採集民の調査に基づくヒトの学習行動の特性の実証的研究」　赤澤　威（編）.　ネアンデルタールとサピエンス交替劇の真相——学習能力の進化に基づく実証的研究——第1回研究大会抄録　10-11.

Thelen, E., & Smith, L. B.（1994）. *A dynamic systems approach to the development of cognition and action.* Massachusetts: The MIT Press.

Thelen, E.（2005）. Dynamic systems theory and the complexity of change. *Psychoanalytic Dialogs*, 15 (2), 255-283.

Thomas, M. S. C., & Brady, D.（2021）. Quo vadis modularity in the 2020s? In M. S. C. Thomas, D. Mareschal, & V. C. P. Knowland (Eds.), *Taking development seriously: A festschrift for Annette Karmiloff-Smith: Neuroconstructivism and the multi-disiplinary approach to understanding the emergence of mind*（pp.1-15）. Oxford: Routledge.

Thomas, M. S. C., Mareschal, D., & Knowland, V. C. P.（2021）. Annette Karmiloff-Smith: Scientist, mother and friend. In M. S. C. Thomas, D. Mareschal, & V. C. P. Knowland（Eds.）, *Taking development seriously: A festschrift for Annette Karmiloff-Smith: Neuroconstructivism and the multi-disiplinary approach to understanding the emergence of mind*（pp.1-15）. Oxford: Routledge.

Tomasello, M.（1999）. *The cultural origins of human cognition.* London: Harvard University Press.

Tomasello, M.（2009）. *Why we cooperate.* MA: MIT Press.

内田伸子（2006）.子どもは変わる，大人も変わる——人間発達の可塑性——　コミュニティ心

理学研究, *10*(1), 1-11.

植田　章(1995).重症心身障害児死亡事例の社会医学的検討　社会学部論集, *28*, 1-15.

上野　矗(1980).　障害の意味と位置づけ　猪岡　武・村井潤一（編）障害児教育の理論と展開（pp.88-102）　第一法規

van Geert, P.（2004）A dynamic systems approach to diagnostic measurement of SLI. In L. Verhoeven & H. van Balkon（Eds.）, *Classification of developmental language disorders: Theoretical issues and clinical implications*（pp. 327-348）. East Sussex: Psychology Press.

Vartanian, O.（2016）. Attention, cognitive flexibility, and creativity insight from brain. In J. C. Kaufman, & J. Baer（Eds.）, *Creativity and reason in cognitive development.*（2nd ed., pp. 246-258）. Cambridge: Cambridge University Press.

Vygotsky, L. S.（1986）. *Thought and language.* Cambridge: MIT Press.（柴田義松（訳）(1986). 思考と言語　明治図書）

Vygotsky. L. S.（1978）. *Mind in society: Development of higher psychological processes.* Harvard: Harvard University Press.

綿巻　徹・小椋たみ子（2004）.　日本語マッカーサー乳幼児言語発達質問紙「語と文法」手引　京都国際社会福祉センター

渡邊正樹（1998）. Sensation Seeking とリスク行動との関連——大学生における交通リスク行動, 喫煙行動, 飲酒行動の調査より——　健康心理学研究, *11*(1), 28-38.

Waddington, C. H.（1957）. *The stratedy of the genes.* London: George, Allen & Onwin.

Witherington, D.（2021）. Advancing developmental science: Highlighting the contributions of Willis F. Overton. *50th Annual Meeting of The Jean Piaget Society: June 1- June 5, 2021,* Symposium Session 14: Online.

Wittgenstein, L.（1933）. *Tractatus logico-philosophicus.* London: Routledge & Kagan Paul.（野矢茂樹（訳）(2003). 論理哲学論考　岩波書店）

八木淳子(2018).　青年という年齢段階を考える——脳の発達の視点から——　青少年問題, *65*, 10-17.

やまだようこ(1987).　ことばの前のことば——ことばが生まれるすじみち1——　新曜社

山梨正明（2012）. 認知意味論研究　研究社

山下貴子・五十嵐一枝(2023).　重度知的能力障害を伴うダウン症候群1例の個別音楽療法における変化　日本特殊教育学会第61回大会（2023 横浜大会）発達障害1, ダイバーシティ P1B-11.

矢野喜夫(1987). 2 人間関係と自我の発達　子どもの生活と人間形成　東　洋・稲垣忠彦・岡本夏木・佐伯　胖・波多野誼余夫・堀尾輝久・山住正己（編）　教育の方法9（pp. 83-120）, 岩波書店

Zelazo, P. D.（2006）. The Dimensional Change Card Sort（DCCS）: A method of assessing executive function in children. *Nature Protocols, 1*(1), 297-301.

Zittoun, T.（2021）. A sociocultural psychology of the lifecourse to study human development. *50th Annual Meeting of The Jean Piaget Society: June 1- June 5, 2021,* Plenary Session 4: Online.

事項索引

人名索引

■著者

小山　正（こやま　ただし）
神戸学院大学心理学部教授
博士（学術）（神戸大学）
主な著書に，『言語発達』（ナカニシヤ出版，2018），『乳
幼児期のことばの発達とその遅れ―保育・発達を学ぶ人
のための基礎知識』（共著，ミネルヴァ書房，2015），『言
語獲得期にある子どもの象徴機能の発達とその支援』（風
間書房，2009），『言語獲得期の発達』（編著，ナカニシヤ
出版，2008），『乳幼児臨床発達学の基礎―子どもと親へ
の心理的サポート』（編著，培風館，2006）など。

発達の理論
発達の多様性の理解と支援に向けて

2024年3月20日　初版第1刷発行　　（定価はカヴァーに
　　　　　　　　　　　　　　　　　表示してあります）

著　者　小山　正

発行者　中西　良

発行所　株式会社ナカニシヤ出版

〒606-8161　京都市左京区一乗寺木ノ本町15番地
Telephone 075-723-0111
Facsimile 075-723-0095
Website https://www.nakanishiya.co.jp/
Email iihon-ippai@nakanishiya.co.jp
郵便振替　01030-0-13128

装幀＝白沢　正／印刷・製本＝亜細亜印刷(株)
Printed in Japan.
Copyright © 2024 by T. Koyama
ISBN978-4-7795-1792-1